菊池省三
関原美和子／構成

一人も見捨てない！

菊池学級 12か月の言葉かけ

コミュニケーション力を育てる指導ステップ

小学館

装幀　近田火日輝（fireworks.vc）

目次

一人も見捨てない！
菊池学級　12か月の言葉かけ
コミュニケーション力を育てる
指導ステップ

第4章 学び、考え続ける「人」を育てる 12か月の「自熱する話し合い」指導

はじめに

公立小学校教師を退職し、教育実践研究家として全国の学校を回り授業をするようになって丸6年がたちます。わくわくしながらあふれんばかりの笑顔で迎えられる教室もあれば、緊張でこちこちになっている教室もあります。そんな子どもたちとどのように関わり、授業後に「楽しかった」と成長を実感してもらえるか、一時間一時間の授業が大勝負の連続です。

初めて出会う子どもたちに授業を行う日々のなかで、私は〝一時間の授業〟をよりいっそう意識するようになりました。自分を開示し、友達と認め合う関係をたった一時間の授業でどのようにつくっていくか――それは「私（教師）が子どもたちと一緒に成長していく」という思いを子どもたちと共有することでした。「どんな意見を言ってもいい」「間違っても大丈夫」「いろいろな意見があって当たり前」という安心感を持たせ、「自分の意見を話すことができた」「友達の新たな一面に気付いた」「みんなで考え合うって楽しい」と実感できる授業をつくりたいと考えています。そのための教材や資料づくり、授業展開と同様に大切にしているのが、プラスの方向に向かう〝教室の空気づくり〟です。

いろいろな子どもたちと接するなかで、温かい空気をつくるには言葉かけが大きなポイントになることをあらためて実感するようになりました。

教師の言葉かけ一つで、学びが大きく変わっていきます。誤答をしたとき、不安そうに小声で発表しているとき、意見が頭に浮かばず鉛筆を持つ手が止まっているとき……。正答に重点を置き、こういう場面でスルーしたり、否定したりする言葉かけをすれば、子どもたちは萎縮してしまいます。自信がない子は発言できなくなり、その結果、一部の〝できる〟子たちだけで授業が進んでいくことになるでしょう。いろいろな授業を参観すると、実際にそういう場面を多く見かけます。言葉かけには、教師の授業観が表れているのです。

言葉かけは、「ほめて認める」視点が大切です。ほめて認めるというのは、プラス面に目を向けることであり、望ましい方向性を示すことでもあります。教師がほめて認める視点で子どもたちに言葉かけをすることで、子どもたちもまた同じ視点を持つようになっていきます。

このような話をしても、「ほめることは子どもに迎合することではないか」といまだに抵抗を示す教師が少なくありません。私が取り組んできた「ほめ言葉のシャワー」についても、「マンネリ化する」という声を時々耳にします。

ほめることとは、その子のプラス面を引き出すということです。テストの点数がよかったとか、何回手を挙げて発言したとか、そういう表面的な現象だけではありません。発言している子に対してうなずいて聴いている、今まで1行しか感想を書けなかった子が3行書けた、発表のとき一人でいる友達のところに行って意見交換をしていたなど、周りの子との関わりや過去との比較、その子の非言語の部分や内面をも含めて、成長を認めるということです。ですから、ほめる際にはその行為（事実）だけでなく、その行為にはどのようなよさがあるのか、必ず価値づけて言葉かけをします。

例えば、小さい声ながら自分の意見を発表できた子をほめるときには、「今日○○さんが自分の意見を最後まで言い切れたのはすごいことです。みんなも○○さんの意見を一言も聞き逃さないよう、じっくり耳を傾けていましたね。こういう学級のことを『みんなで学び合う教室』と言うんだね」と言葉かけをします。価値づけはその子だけではなく、周りの子どもたちにも広げ、学級集団としての成長目標を示すことでもあるのです。

日々成長している子ども（学級）をプラスの視点で見れば、言語・非言語を問わずほめる箇所はいくらでも見つかるはずです。「ほめることは迎合だ」「マンネリ化する」というのは、プラスの視点で見ていないということであり、教師自身が子ども（学級）の成長から目を背けていることに他なりません。

教室はみんなで学び合うところです。そして、みんなが協力して一緒につくり上げていくものです。マイナスの場面があっても否定せずプラスに活かしていく言葉かけをすることが大切です。「主体的・対話的で深い学び」（アクティブ・ラーニング）が現行の学習指導要領の大きな柱になっていますが、子どもの活発な学びは、自分に自信を持ち、お互いに認め合える信頼関係がある温かい学級が土台にあってこそ成り立つものです。

本書では、教師と子ども、子ども同士がつながり、ともに成長していくための学級づくりに必要な言葉かけとはどのようなものか、私自身のこれまでの取組のなかから見出してきたものをまとめました。

第1章では、若手教師から寄せられる悩みをマンガにして比較しました。

第2章から第4章までは、学級づくりと授業づくりの場面で、子ども・学級をよりプラスの方向に成長させる具体的な言葉かけを紹介しています。いずれも、1年間の学級づくり・授業づくりの土台になる言葉かけです。

本書が明日からの学級づくりに少しでもお役に立てば幸いです。

第1章

マンガで分かる
残念な言葉かけ vs
菊池学級の言葉かけ

第1章の活用法

次ページ以降、本章の奇数ページ（左側のページ）では、若手が直面しがちな困った場面と、そこで選択してしまいがちな残念な言葉かけの例を4コママンガで紹介します。

「これって、あるある…」とお感じの方も、そうでない方も一度手を止めて、「自分ならこの場面でどのような言葉をかけるか（どのような行動をとるか）」について考えてみてください。そのあとで、ページをめくってみてください。

そこに、「菊池ならこの場面でこんな言葉をかける」という一例を示しました。

当然ながら「これが常に正解」というわけではありません。ただ、従来の「悪しき一斉指導」の呪縛から抜け出すための突破口となる言葉かけを示したつもりです。

ご自分の学級の実態に合わせて、指導観、教育観を大きく転換していくための一つのヒントにしていただければと考えています。

菊池省三
マンガ／大橋明子

CASE 1

友達の発言中、他の子どもたちがまじめに聞いていていません。

この場面での菊池先生の言葉かけは次ページ

菊池先生からのアドバイス

「ちゃんと聞きなさい」という曖昧な表現は避け、「具体的に何をするのか」を指示しましょう。なぜそうするといいのか、価値づけてほめていくことで、次につながります。

大造じいさんは
発表している人に心臓を向けて聞いてあげましょう
はっ
そうそう心臓を向けて聞いてあげようね
あ…
大造じいさんはー
にこにこ
みんな素晴らしい！こうやって聞き合う・学び合うからいい教室になるんだよね！

CASE 2

友達の発表内容を、しっかりと聞き取れていない子がいます。

この場面での菊池先生の言葉かけは次ページ

今の発表で「迷っている」という言葉を使った人は誰でしたか？
ぼーっ
どうぞ
田中さんです！
よく聞いていたね
にっこり
ぼーっと聞いているとチコちゃんに叱られるぞ！
ドッ

菊池先生からのアドバイス

聞かない子を叱るのではなく、きちんと聞いていた子をほめるという視点が大切です。全体に伝える際、冗談をうまく使って空気を和らげるテクも必要です。

CASE 3

子どもが間違った答えを言ったとき、どう対応すべきか悩んでいます。

この場面での菊池先生の言葉かけは次ページ

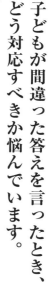

菊池先生からのアドバイス

間違った答えをスルー（無視）し、正解が出るまで他の子に尋ね続けると、せっかく勇気を出して発表してくれた子が「失敗した」「恥ずかしい」「もう発表したくない」と感じてしまいます。

CASE 4

黒板に書く間、子どもたちがじっとしていてくれません。

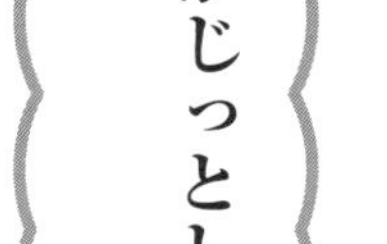

この場面での菊池先生の言葉かけは次ページ

菊池先生からのアドバイス

「チョークの先」という注視すべきポイントを具体的に示すことで、子どもたちが集中して黒板を見るようになります。

CASE 5

一人の子が意見を言っているのに、教室が私語などでざわついています。

僕はやまなしが象徴しているものは…
ガヤガヤ
ザワザワ
うるさいっ
人が発表しているときは　静かにしなさいっ！
カー
シーー…ン
どんより…

この場面での菊池先生の言葉かけは次ページ

僕は
やまなしは…
ガヤガヤ
ガヤガヤ
ヒソヒソ…
——ごめん
音が消えたら
発表してくれる?
シーン
やまなしは
自然のめぐみを…
ニコニコ
こうやってメリハリの
ある教室を
みんなでつくるんだね!

菊池先生からのアドバイス

教師が意図的に小さな声で話すことは、教室を静かにするテクニックの一つです。発表後は静かになれた子どもたち全員をほめ、価値づけて「なぜ静かにするのか」を伝えましょう。

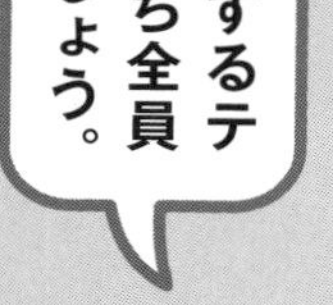

CASE 6

友達の発表の邪魔になる言動が目立つ子がいます。

カニたちが住む川の深さは…
なるほど！おみごと！おみごとっ！
パン パン パン
またこの子か…
山香くん！ふざけていないで静かに聞こうね
どんより…
プイッ

この場面での菊池先生の言葉かけは次ページ

40㎝くらいです
なるほどー！おみごとおみごとっ！
よっ
パン
パン
！
そのリアクションいいねえ！
ピタ
君がこのクラスのリアクション・リーダーだ！
えへへ…
その理由は…
パチパチ
パチパチ
君のリアクションのおかげでみんなの学びがつながっているね

菊池先生からのアドバイス

マイナスに見える行為でも、教師はあえてプラスにとらえ、「いいリアクション」に変えましょう。周りにもそのプラスの見方が伝わり、子ども同士の学びがつながっていきます。

CASE 7

子どもたちに問いかけても、小さなつぶやきしか出ません。

この場面での菊池先生の言葉かけは次ページ

しーん
やまなしは何を表しているのでしょうか？
ゴニョゴニョ
今篠原くんがつぶやいていたことを聞いていた人？
はっ
はいっ
「自然の優しさ」って言いました！
はいっ
そうですみんなよく聞いていたね
よし もう一度篠原くんに言ってもらおう

菊池先生からのアドバイス

自分の意見が間違っているのではないかと不安なときに手を挙げるのには勇気がいります。つぶやいた子も、聞いていた周りの子もほめ、全員が「聞き合うぞ！」という気持ちになれる雰囲気をつくりましょう。

CASE 8

発表後、質問タイムを設けているのですが、誰も質問しません。

この場面での菊池先生の言葉かけは次ページ

菊池先生からのアドバイス

人の発言を一度聞いただけで理解すべきだという考え方は間違っています。「はてな？」を持つことは、自分から学ぶということ。「はてな？」こそが学びのスタートなのです。

CASE 1

「○○さんと同じです」「一緒です」と答える子が多く、それ以上話し合いが続きません。

この場面での菊池先生の言葉かけは次ページ

菊池先生からのアドバイス

教師が先回りして、「同じです」などのマイナスの行為を牽制しましょう。少しでも違う言葉を使って発表することができた子を、そのあとでうんとほめましょう。

CASE 2

意見を出し合う際、他の意見に安易に同調してしまいます。

この場面での菊池先生の言葉かけは次ページ

菊池先生からのアドバイス

一人ひとり、みんなの意見が違うからこそ、多様な意見を出し合って学び合うことができます。これこそが話し合いの醍醐味ですね。そうした価値観を繰り返し伝えましょう。

CASE 3

授業中に発問しても、挙手、発言する子がほとんどいません。

この場面での菊池先生の言葉かけは次ページ

菊池先生からのアドバイス

挙手しない子を責めず、手を挙げた子を価値づけてほめます。「たった一人でも意見を言えることはカッコいい」という価値観を育てましょう。菊池学級には「一人が美しい」という価値語があります。

おそるおそる…
今　丹野さんはたった一人でも手を挙げましたすごく勇気がいることだよね
カッコいいね
みんな勇気のある丹野さんに大きな拍手!
パチ
パチ
パチ
丹野さんに負けずに意見が言える人?

CASE 4

自分の意見をノートに書いても、発表できない子がいます。

自分の意見をノートに書いてから発表しましょう
カリ
カリ
カリ
カリ
では書いたことを発表してください
しーん…
もじ
もじ
イラ
イラ
書いてるのにどーして言えないんだっ！

この場面での菊池先生の言葉かけは次ページ

菊池先生からのアドバイス

自分の意見を発表するのは、子どもたちにとって勇気がいることです。まずはノートに書いたことをそのまま読むことからスタートしましょう。

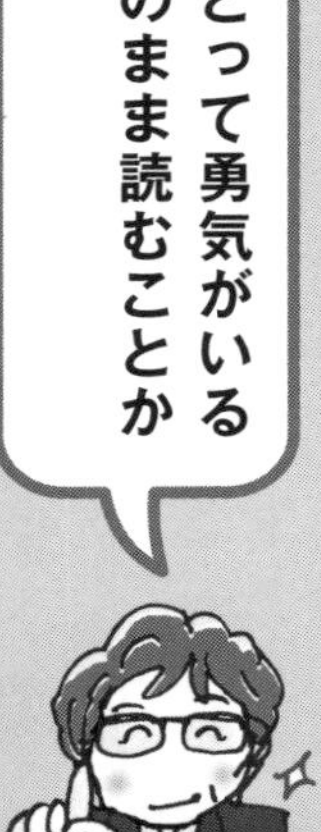

CASE 5

発言時、自分の意見が言えず黙り込んでしまう子がいます。

この場面での菊池先生の言葉かけは次ページ

中村さんの
考えていることを
代わりに言える
友達はいますか？
「こうじゃ
ないかな」
と予測してみて
12月だと
考えていると
思います
頑張って助け合う
優しさがあふれた
教室だね
彼に拍手！
パチ
パチ

菊池先生からのアドバイス

発表が苦手な子に対しては、最初の段階では無理強いせず、周りの子どもたちを動かし、学び合う大切さを学ぶ機会にしましょう。安心感が得られれば、その子も少しずつ発表できるようになります。

CASE 6 発問すると、すぐに周りの子に正解を尋ねる子がいます。

この言葉は誰の言葉ですか？
誰？誰？教えて
そこうるさいぞ！
黙って考えましょう！
話しかけてくんなよな…

この場面での菊池先生の言葉かけは次ページ

菊池先生からのアドバイス

納得解を追究する話し合いにおいては、正解は一つではありません。「自分を大切にしよう」と伝え、まず子どもたちが自分で考え、自分なりの答えを見つけるよう促しましょう。

大造じいさんは このとき 何を思っていたのでしょうか?
大造じいさん どんな気持ち?
?
ねえ ねえ
まず自分で考えよう 答えは自分のなかにあります
う～む …

CASE 7

書いたことを発表しない子、その場で適当に発表してしまう子がいます。

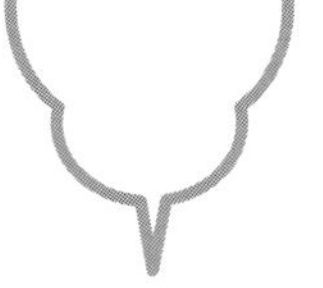

この場面での菊池先生の言葉かけは次ページ

菊池先生からのアドバイス

みんなと学び合いたい、伝え合って学びを深めたい、その気持ちが言葉を生み出します。書いたことを読み上げるだけの発表にとどまっていてはいけません。即興力は今の時代に必要な力です。

CASE 8

意見を書かせるとき、固まってしまって何も書かない子がいます。

自分の意見をノートに書きましょう
カリ
カリ
古橋さん　ぼーっとしていないでノートに書きますよ
かぁ〜…
書かないんじゃないんだよ…書けないんだよっ!
どーした?　何でもいいから書いてごらん

この場面での菊池先生の言葉かけは次ページ

菊池先生からのアドバイス

子どもが書かないのは、自分の意見をまだ十分に言語化できていないから。周囲の友達の意見を参考に、頭のなかを整理させてあげましょう。教室は学び合うところです。

えっと…
カリ
カリ
今 悩んでいるんだね
教室には 友達が
いるんだから
みんなに教えてもらえば
いいよね
大造じいさんは
さあ……
ひょいっ
そっか！
ありがとう
教室は
学び合う
ところですよ
カリ
カリ

第2章

コミュニケーション力を育てる 12か月の学級づくりと言葉かけ

4月

教師の「学びのカラダ」づくり

〝硬くて遅い〟教師の姿勢が子どもたちにも反映する

「主体的・対話的で深い学びの実現に向けた授業改善」が、現行の学習指導要領には明記されています。それを受けて話し合い活動を多く取り入れた授業があちこちで行われていますが、疑問を感じるものも少なくありません。例えば道徳科ではワークシートが配られ、それに沿って近くの席同士のペアやグループで話し合いを展開していく。これでは意見も行動も限られたものになってしまい、子どもたちの様々な意見やダイナミックな動きは生まれづらくなります。発表はグループの代表など限られた子どものみ。〝正解ありき〟の話し合いですから、教師は間違えた子どもの意見はスルーし、〝正解を答えてくれそうな子〟を指名しがちになります。子どもの挙手も教師の指名も一部の〝できる子〟に限られることとなり、全員参加の授業からはほど遠いものになります。

「主体的・対話的で深い学び」は、従来の教師主導一辺倒による授業の転換を迫るものです。子どもが自ら考え学ぶ授業の実現のため何が必要なのかを考えたとき、私は、①挙手・指名をやめること、②自由な立ち歩きを許すこと、の二つが大きなポイントになると考えています。

全国各地の学校に呼ばれ、授業を参観するときに気付いたことは、「硬くて遅い」カラダの子どもたちが多いことでした。あらためて振り返ってみると、そういう学級では担任も子どもたちと同じように「硬くて遅い」カラダでした。特に、荒れかけている学級では、担任の表情も声の調子も立ち位置も、そして体の動きもすべてが硬直しています。これでは子どもたちに何も伝わるはずがありません。白熱した教室にいる子どもたちのカラダは「柔らかくて速い」ので、教師の指示や発問にさっと対応し、自ら動きます。

「ミラーイメージの法則」という言葉があります。自分の周りの人や物事は自分を映し出すという意味です。つまり、教師の硬さや遅さが子どもたちに投影されているのです。

学ぶためのカラダの〝基礎〟ができていなければ、活発な学びは成立しません。現在、様々な「主体的・対話的で深い学び」を促す授業実践例が提案されていますが、どうも言語活動に偏りすぎているように感じます。もっと広い視野で考えるべきではないでしょうか。

教師は五者たれ

これまで４月の学級開きというと、〝黄金の３日間〟や学級の規律づくりに目が向けられてきました。しかし、何より最初に必要なのは学ぶためのカラダづくりです。まずは教師から始めましょう。

カラダづくりというと、かぶりものをしたり楽器を弾いたりするイメージが思い浮かぶ方もいるかもしれませんが、そういうオーバーなものではありません。笑顔の準備や呼吸、ストレッチで体をほぐして教室に入るといったごくシンプルな行動です。しかし追い詰められてくると、こういうシンプルなことさえ忘れてしまいがちになるのです。人間には25万もの表情があるといいます。笑顔一つ取っても、爆笑や微笑、悲しみを帯びた笑い、怒り笑い、嘲笑など様々です。どんな笑顔がぴったりかを考えましょう。

教壇に立ったら、「子どもたちが学びやすい授業」をどう実現するかを考えます。

〈コミュニケーション力＝（内容＋声＋態度＋α）×相手への思いやり〉

このコミュニケーションの公式に当てはめるなら、子どもたちの側に立った〝思いやり〟を持ちながら、何をどのように話すかを考えるということです。一文を短くしたり結論から述べたり、聞き取りやすいよう滑舌をよくしたり。思わず引き込まれるような話し方を意識しましょう。

あるアンケート調査で、中高生が選んだ「校長先生になってほしい有名人」ベスト10の上位は、1位・ビートたけし、2位・明石家さんま、3位・所ジョージと3人とも芸人が占めました。周りを笑わせながら引き込むトークに、魅力を感じるのでしょう。昭和に活躍した漫談家で著述家の徳川夢声は「話術はマ術である」と言いました。「マ」とは「間」を指します。ただ話すのではなく、わざと小声で話したり、ときには黙ったりしながら、子どもたちが集中するようにすることが大切です。

もちろん、〝カラダづくり〟は話し方にとどまるものではありません。私が教師になったばかりの頃、「教師は五者たれ」という言葉をよく聞きました。「五者」とは、「医者」「学者」「易者」「役者」「芸者」のことで、授業のなかでそれらをバランスよく使いこなすことが必要だという意味です。53ページに五者の各ポイントをまとめましたので、参考にしてください。

〝健全な共犯関係〟が成り立つ学級を

担任と子どもたちみんなで聞いたり話したり、一緒に何かをしたり。その学級にいる人だけにしか分からない学級文化は、担任と子どもたちがつくった、いわば〝健全な共犯関係〟です。この〝健全な共犯関係〟が成り立つ学級は、子どもも教師もカラダが〝柔らかくて速い〟と言えるでしょう。強く意見をぶつけ合っても、温かい関係ができていれば〝人と意見を区別〟し、すぐに次の活動に切り替えることができます。一人ひとりが自分らしさを発揮し、お互いに認め合える学級だからこそ、授業もアクティブになるのです。

担任が、子どもたちが何を考え望んでいるかをしっかりととらえていなければ、〝健全な共犯関係〟は成り立ちません。教師の〝教えやすさ〟ではなく、子どもの側に立った〝学びやすさ〟を軸にした授業をつくるにはどうすればいいのか。本書では、子どもの学びやすさに視点を絞った学級づくり、授業づくりを提案していきたいと考えています。

本気で意見をぶつけ合う子どもたち。〝柔らかくて速い〟カラダづくりは、白熱した授業の基礎になる。

「五者たる教師」のカラダづくりのポイント

医者	・子どもたちも上機嫌になれるように、自分の体をほぐして授業に臨む。 ・どんな子どもの間違いにも安心できるフォローをしようと決めて、授業に入る。 ・子どもが教師を信頼する「否定しない聞き方」を、実行する。
学者	・毎時間「価値語」を黒板の５分の１に植林すると決めて授業を行う。 ・授業のなかで、子どもたちの学習活動のレベルを上げる学び方のポイントを示す。 ・子どもの発言や学習活動の価値づけを力強く行うイメージを鮮明に持つ。
易者	・美点凝視で子どもを見て、「きっと～～になるね」と未来予想でほめる。 ・「この時間で、気になる〇〇さんを笑顔にしよう」と決めて授業に入る。 ・受け止める印象を与える話し方や表情、態度になっているか、常に振り返る。
役者	・「教室は自分のステージだ」と思って、授業に入る。 ・教室全体を所狭しと使って授業を行うイメージトレーニングをして、授業に入る。 ・オーバーアクション（ポイントは驚きと笑顔）を、心がける。
芸者	・各授業で子どものよさを価値づけ、５回は全力で拍手をする。 ・授業前に鏡を見て、笑顔をつくるストレッチを行う。 ・「授業中５回はほめよう、〇〇くんをほめよう」と決めて教室に入る。

5月

子どもの「学びのカラダ」づくり

子どもはもともとアクティブ

新年度の4～5月、子どもたちは担任に対し、「どんな先生かな？」と期待と不安でいっぱい、体も心も緊張でコチコチに固まっています。まずは、そんな子どもたちの体をほぐし、心もほぐしてあげることが必要です。

教師になりたての頃、私が先輩や本から得た実践には、年度初めに体を使う活動が多く取り入れられていました。立ったり座ったりを繰り返しながら音読をしたり、列ごとに立ち1行ずつ教科書を読み進めたり、動いて楽しみながら学習規律や関係性を築いていくものでした。今振り返ってみても、これらの実践には意味があったなあと考えさせられます。ところが昨今は、教室に入ったら姿勢を正してピシッと座り、静かに黙って教師の話を聞くことからスタートさせる担任も少なくありません。

ある教室での一学期のできごとです。一人の男子が教室に入らず、ずっとオープンスペースにいました。教室に自分の机といすはあるものの、落ち着かずふらふらしては担任に叱られていました。

そして三学期、再びその教室を訪ねると、廊下側にあるその子の机の上には辞書やバケツ、帽子などが高く積まれていました。担任から見えないように〝要塞〟をつくり、教師とのつながりを拒否していたのです。「ちゃんとしなさい！」と厳しく指導してきた結果、このようなこじれた関係を生んだのでしょう。

こうした学級で、教師がいきなり「話し合い活動をします」と言っても、子どもたちはなかなか動き出せません。足を投げ出して座っている子も、机にいすを入れてきちんと座っている子も、どちらもすぐに立ち上がることができません。野放しにされた姿も、型にはめすぎた姿も、学ぶカラダができていない証拠なのです。

そういう学級はスピードがなく、全体がだれています。前項で、教師の「柔らかくて速い」カラダづくりの大切さを述べましたが、教師が一方的にだらだらと話し続ける授業にはスピード感がありません。その姿は子どもたちに伝染し、緩んだ空気が蔓延していきます。

スピードとは、話す速度や話す・書くの切り替えの速さだけではありません。子どもの発言や行動に対する反応の速さも指しています。子どもの発言をさっと受け、答え、子どもたちがさらに反応する、漫才やお笑いトークのようなやりとりがあることで、子どもたちも集中し、授業がテンポよく進むのです。

実際、学びにスピードが出てくると、話し合い活動のときに体を動かし、半分横を向いている子どもも出てきます。これは、次に何を話そうかと頭のなかで一生懸命考えている証拠なので、私はそれもよしとして認めていました。

子どもはもともとアクティブなのです。動きを伴う活動を通して、コミュニケーションを活発にしていくことが大切です。非言語の活動を多く取り入れることで、おのずと子どもたちへのほめどころも増えます。「できる・できない」「上手・下手」「速い・遅い」だけで評価するのではなく、様々な価値を伝えることもできるはずです。

学ぶカラダをつくるトレーニング

集中力とスピードのある学びは、まずカラダづくりから。新年度の1~2か月間は体を使った活動を取り入れ、「楽しそう—楽しい—楽しかった」という体験をつくってあげましょう。「みんなと一緒にするのは楽しいなあ」「へえ、そんな考え方があるんだ」という新たな発見が、他の子どもとつながる第一歩です。

体力をつけるのと同様に、学ぶカラダづくりもまたトレーニングが必要です。私が六年生の学級で取り組んだ「大声大会」を例に挙げてみましょう。

四年生のときから学級が荒れ、不信感を抱いたまま六年生になった子どもたちは、授業中に自分の考えをしっかり述べるどころか、音読時さえ蚊の鳴くような小声しか出ません。目立つことを恐れているからです。そんな2年間を過ごしてきた子どもたちは、授業中に大声を出す・出していいことを忘れてしまったかのようでした。

そこで私は、廊下の端から端に向かって「私は6年1組の○○です！」と大声で自己紹介をさせるようにしました。何人かやるうちに、徐々に大きな声が響くようになってきました。ところが、体も表情も強ばってどうしても声を出せない女子が一人いました。私は無理強いせず、他の子どもたちに「○○さんになって、みんなで大声を出そう！」と促し、その子はようやく他の子たちと一緒に声を出すことができました。その後、何度かやるうちに、「授業でこんなに大きな声を出したのは初めて！」「私もこんなに大きな声が出せるんだ」とその子も大声が出せるようになっていきました。

教師が一度言ったからといって、子どもたちが急にできるものではありません。私たち大人でもそうでしょう。合間の時間を使い、体を動かすトレーニングを積み重ねていくことが大切なのです。

授業力は、個々の教師の力量によるところが大きいととらえられがちですが、私はそこに学びの〝空気感〟も大きく影響しているのではないかと考えています。空気感というと、学級や地域の雰囲気、教師自身の経験やキャラクターについての分析がされていますが、子どもたち自身の学びの空気をつくる声かけや表情、立ち位置、動きなど一見些細に見える行動が、実は大きく影響しているのではないでしょうか。

鼻と口の間に鉛筆を挟んだり、頭の上に本を載せて歩いてみたり。こんなちょっとした活動に子どもたちは大喜び。合間を使って〝学ぶカラダ〟づくりを取り入れたい。

子どもの学びのカラダづくりを促す学習ゲームと言葉かけ

	低学年	中学年	高学年
体を動かすゲーム的活動	**○じゃんけんゲーム** ・ペアで先に３回勝ったら立ち上がる。 ・自由に立ち歩いて５回連続で勝ったら席に座る。 **○ウルトラマンゲーム** ・グループで円になり、順番に「ウル」「トラ」「マン」と誰かを次々に指していく。「マン」と言われた両隣が「シュワッチ」と言ってポーズをする。これを繰り返す。スピードを上げていくとより盛り上がる。	**○いろいろ音読遊び** ・頭の上にノートを置いて落ちないように音読をする。 ・班対抗の自由起立音読でタイムを競い合う。 **○ギョウザじゃんけん** ・3人組で行う。パーは「皮」、グーは「肉」、チョキは「にら」。じゃんけんをして、３人の中にグーがなければ「肉がない」と全員で言う。３人の出したのがばらばらだと「いただきま～す」と言う。繰り返して、時間内に何個食べられたかを競う。	**○楽しい会話遊び** ・ペアでお題について 30 秒会話をする（例：好きな食べ物）。 ・班内で一人の友達に１分間質問をし続ける。 **○社長ゲーム** ・グループで円になり、順番に「社長」「部長」「課長」「係長」「平」を決める。自分の役職を指名されたら、「社長 (自分)、係長」と次の役職を指名し、係長の子が受けて同様に続ける。間違えた人は「平」になり、順に上にずれる。最後に「社長」になっていた人が優勝。
集中を生み出す言葉かけ	・教室から音を消しましょう。 ・頑張る人は、黒板に書く先生のチョークの先を見ています。 ・全員で大きな拍手をしましょう。 ・体全体でお話を聞いている○○さんは素敵です。 ・５分間、頑張って聞こう。	・雑音（不規則発言）を出しません。 ・顔から汗が出るぐらいに○○（例：音読）します。 ・「強く、細かく、元気よく」拍手をしましょう。 ・正対して聞き合うのです。 ・恥ずかしいと言って何もしない。それを恥ずかしいというのです。 ・中学年では、10 分間静かに話が聞けるはずです。	・超一流は、一言もしゃべりません。 ・鉛筆の音しか聞こえない教室は素晴らしい。 ・本気の拍手をします。本気の拍手とは、指の骨が折れるぐらいです。 ・凛とした空気が素晴らしい。 ・15 分間黙って話を聞けるのが高学年です。
スピードを生み出す言葉かけ	・スピード日本一になろう。 ・切り替えスピードをアップさせましょう。 ・新幹線のスピードです。 ・書けたら「書けました」と言ってください（子どもたちが「書けました」と言ってきたら、「一番」「二番」と力強く声をかける)。	・目にもとまらないスピードでしましょう。 ・着手スピードを上げましょう。 ・５秒で話し合いましょう。 ・煙の出る速さで書きましょう。 ・パッと反応しよう。 ・スラスラ音読をしよう。 ・賢い人は、まだの友達をすぐに助けます。	・体のキレがいいですね。 ・反応スピードが最高です。 ・滑舌力を鍛えよう（音読や発表のとき)。 ・「牛の涎」のような話し方はしません。 ・前の人と３秒間をあけません。テレビだと放送事故だと思われます。 ・スピード感あふれる教室にしよう。

6月

発言のさせ方

指名の仕方に、教師の授業観が表れる

あちこちの教室で授業を参観すると、相変わらず挙手・指名の順で発表させる場面が多いことに気付きます。たとえ学級の児童数が3人でも同じなのです。分かる子が手を挙げて答え、正解が出るまで挙手・指名・発表が繰り返される授業は、結果として、教師と理解している一部の子どもたちだけで進められることになり、学級全員の学びにはなりません。

こうした指導は、教師が正解を持っていて子どもたちがその正解を探すパターンになりがちです。子どもたちがお互いに競い合って意見を出し、納得解を含めた答えを探し、見つけながら知識も身に付けていく授業とは大きくかけ離れています。一人ひとりが違う考えを持ち、全員が参加する授業づくりの視点がなければ、こうした教師主導の授業からは脱却できません。

子どもたちの発言を促す指名方法から考える教師も少なくありませんが、その前段階から考えなければなりません。それは、子どもたち一人ひとりに自分の考えを持たせる場を保障するということです。

全員参加の授業を進めたいのであれば、まずは子どもたちがノートや黒板などにそれぞれの考えを形に残し、周りの子どもたちと相談したり意見を出したりしながら、考えを広げていく必要があります。

書けない子には、「悩んでいるのは考えている証拠。とてもいいことだね」と声をかけ、「いろいろな友達の意見も見てきてごらん」と立ち歩きを促します。相談タイムをつくり、いいなと思った他の子の意見を赤ペンで写すようにします。赤ペンの文字が増えるのは、いろいろな意見を取り入れたことだとプラスにとらえさせてあげます。

指名では、縦や横の列ごとに立たせたり、同じ立場の意見の子を立たせたり、様々な形で一人ひとりが発表する場をつくります。子どもたちにも、それぞれの考えの違いや全員参加が明示されるからです。

挙手した数をハンドサインで示しながら手を挙げる場面をよく見かけますが、そんな数を競って何の意味があるのでしょうか。子ども同士の自由指名も、仲のいい子や答えを知っていそうな子を指名する結果になるだけで、学級の人間関係ができていない5～6月頃にはあまり意味がありません。何のためにそのやり方をするのか、目的が曖昧なまま指名する教師が少なくないのではないでしょうか。

指名の仕方一つをとっても、そこには教師の授業観が表れていると感じます。

思考プロセスにも寄り添って

発表の際、基本になるのは、「〜だと思います」ではなく「〜です」と言い切らせることです。自分の意見を言い切り、その理由を述べることは、その後の話し合い活動の核になっていきます。教師は、発表の前に「一言一句、全く同じ意見はあり得ないはずです」と話し、「(前の子と)同じでーす」という〝逃げ〟の発言を牽制しておきます。たとえ似たような意見でも、その子なりの表現で発表させることで、「一人ひとり違っていい、違って当たり前」が身に付いていくのです。

もちろん、指名されてもなかなか発表できない子が出てきます。心理学者のブルース・W・タックマンは、チームビルディングにおいてチームが形成される過程は「形成期」「混乱期」「統一期」「機能期」「解散期」の5段階を経ると提唱しています。この考え方は「タックマンモデル」と呼ばれ、ビジネス分野で応用されていますが、学級集団の形成にも当てはまるのではないでしょうか。

4〜5月の「形成期」を経て、6〜7月は「混乱期」の状態にあります。発表しようと思っても、まだ十分に人間関係ができていないなかでは自分を表現しきれなかったり、周りの雰囲気にのまれてなかなか言えなかったりします。この時期、そういう子がいることを教師は受け止め、言い切れないことを認めてあげましょう。

発表できない子には寄り添う姿勢が大切です。このとき、目線の高さを合わせ、その子に近づいていくという物理的な行動とともに、その子の思考プロセスにも目を向け、共感し、さりげなくフォローしながら、失敗感を与えないようにします。

フォローの際は周りの子どもたちを巻き込むことで、学びを広げていきます。低学年なら「○○さんをお助けできる人？」、中高学年なら「○○さんの意見を予想できる人？」と声をかけます。手が挙がらない場合、答えたそうな表情をしている子のところに行き、その子の指先を持ち上げて挙手を促します。

このようなフォローで、教室が笑いに包まれます。言えなかった子も失敗感を持つことなく、プラスの空気になります。こうしたことを何回か続けていくうち、教師が言わなくてもフォローできる子が出てきますし、発表できなかった子も少しずつ言えるようになっていきます。

発言のさせ方に関わる言葉かけ

	低学年	中学年	高学年
ノートに書かせる	・「いいな」と思う人はノートに○を書きます。「よくないな」と思う人は×を書きます。 ・自分の考えをノートにたくさん書きましょう。 ・理由をズバリと書きましょう。	・自分の立場を決めます（○か×か、賛成か反対か、AかBか、…）。 ・箇条書きで自分の考えをたくさん書きます。 ・理由を、3分間で五つ以上を目指して書きましょう。 ・理由は質より量です。	・ノートに自分の立場と理由を書きなさい。 ・今の理由を書きます。後の話し合いで、立場を変わることは「あり」ですね。 ・自分の立場の賛成の理由だけではなく、違う立場への反論も書きます。
指名	・ノートに書いた人は立ちましょう。 ・手を挙げている人は全員立ちましょう。 ・○列の人は立ちましょう。 ・ちょっと違う人は立ちましょう。	・「（ノートに）書いたら発表」は、○年生では常識です。 ・ノートに書いていないことでも言える人？ ・友達の意見に続けて言える人？	・「書いたら発表」は価値語です。 ・「相談したら発表」は価値語です。 ・即興力を伸ばします。自分の言葉で話せる人？ ・意見のある人は立ちます。
発表後の言葉かけ	・先生に届く声でしたよ。 ・発表する姿勢がかっこいいですね。 ・お友達も聞きやすい声でした。 ・みんなに聞こえる声で発表した○○さんに大きな拍手をしましょう。	・はきはきと美しい日本語で話せました。 ・ノートを読むのではなく顔を上げて話そうとしていました。 ・さすがです。ノートに書いていないことも付け加えて話してくれました。	・一人でも自分から立って話せました。「一人が美しい」ですね。 ・ノートに書いていないことも話す。即興力が伸びています。 ・伝えたいという思いが声にも姿勢にも出ています。
書けない子に対して	・書けなくてもあとでお友達と教え合えばいいんだよね。それが楽しみだね。 ・大丈夫。みんなの意見を聞いて分かればいいんだからね。 ・次のチャンスが楽しみだなぁ。	・悩んでいるということは、考えているということだよね。そこが素晴らしい。 ・友達と相談する時間があります。教室は教え合えるから安心だね。 ・前よりは書けるようになってきているね。次が楽しみです。	・後で友達と学び合います。そこでたくさん書けるといいんだよね。 ・先生がつぶやくことを書いてもいい（机間指導で～～等とヒントを口にする）。 ・書けた、書けないではありません。どれだけ考えたかです。
言えない子に対して	・書いた通りでいいよ。 ・先生と一緒に読もうか。 ・誰れか○○さんのお助けマンになれる人いますか？ ・○○さんは、「～～」という考えでもいいかな？先生と一緒だね。	・今までに出てきた意見で一番近いのはどれかな？ ・友達と相談して後で話してくれる？ ・誰か、○○さんが考えたり思ったりしていることを代わりに予想して言える人いますか？ ・友達のを聞いた後で話してね。	・精一杯考えて話そうとしているその姿が素晴らしいです。 ・当然、このクラスには、○○さんの意見を予想して言える人はいますよね？ ・次は大丈夫だよね。話すことも大事だけれど、自分の考えを深め広げることのほうが大事だからね。

7/8月

発言の受け方・返し方

何のために発表させるのか？

子どもに発問したとき、正解が出ればそのまま次に進み、間違えていた場合は正解が出るまで「他にありますか？」を繰り返す授業が日常的に行われています。

あるいは「Aさんはこう言っているけれど、みんなはどうですか？」と問い返し、正答だった場合は「同じでーす」、誤答の場合、答えられそうな子を指名し、正解を発表させてさっさと次に進む――こういう授業を見ると、教師はいったい何のために子どもたちに発問しているのだろうと、つい考え込んでしまいます。

正答だけを求める授業の場合、教師は子どもの発言に対する「受け」「返し」を意識することなく進めていきます。発表の意味は、一人ひとりの意見の違いを認め、学級全員で考え合い、学びを豊かにしていくことにあります。子どもの発言を活かすためにも、教師の「受け」「返し」は重要なのです。

「早く言いなさい」「さっき教えたのだから分かるでしょう」と頭のなかで思っていると、たとえ口に出さなくても態度に表れます。そんな教師に対して、子どもたちが自分の意見を言えるはずがありません。正解だけを求め、じっくり話し合う土壌のない教室は硬くて遅く、落ち着いた雰囲気は生まれません。

子どもの発表に対し、教師がどのように受け止め、返していくかによって授業が大きく変わっていくことを、もっと意識しなければいけないのではないでしょうか。

パフォーマンス力を高める

教師の「受け」と「返し」について、私はそれぞれ次のような視点が大切だと考えています。

「受け」を「教師のパフォーマンス」という教授行為で考える

基本的な「受け」のあり方としては、①笑顔、②目を見ながら、③うなずき、④相づち、⑤繰り返し、⑥要約、⑦フォロー、⑧表情の変化、⑨距離移動、⑩身体表現、などが挙げられます。

大切なのは、「子どもの発言を全身で受け止める」姿勢を示すことです。腕組みをしてしかめっ面で構えている教師と、一語一語にうなずきながら相づちを打つ教師――どちらに対し子どもが自分の意見を言おうと感じるか、言うまでもありません。

子どもが発言したら、量の多さや質の高さ、声や態度など、非言語の部分でよかったところ、熱意、過去と比べた伸びなどをほめて認め、握手などのスキンシップや拍手で、学級全員を巻き込んで受け止めるようにします。

もちろん、発言できなかった場合でも、よかったところをほめて認め、ヒントを与えるなどユーモアを交えて対応し、周りの子どもたちにもフォローを促すなど、失敗感を与えないようにします。

子どもの発言を受けた後、次にどのように返していくかについては、学級全員で共有していくことが大切です。

「返し」を「共同思考を促す」という視点で考える

具体的な「返し」としては、①拍手をして価値づけ、全員に伝える、②全員に戻して考えさせる、などが挙げられます。

全員に戻して考えさせる場面では、次のような取組が考えられるでしょう。

①「みんなは、どう思いますか?」と意見を求める
②「今の意見について、○か×を書きなさい」と、自分の意見をノートに書かせる
③「今の意見は、５点満点中何点か書きなさい」とノートに書かせる

④「よかったところを書きましょう（話しましょう）」「アドバイスを書きましょう（話しましょう）」

他の子が出した意見に対して自分がどう思うか、どう考えるかをまとめ、周りの友達と意見を交わし合うことで授業が深まり、対話的な学びになっていきます。そのことが、「一人ひとり意見が違うのは当たり前」「みんなで考え合うことは楽しい」という教室をつくっていくことにつながるのです。

子どもの発言を受けた「受け」「返し」には、教師のパフォーマンス力が大きく影響します。授業は二度と同じステージがつくれない〝ライブ〟であり、教師はライブを盛り上げるMCです。MCは、単に時間を管理し予定通りに進行させるだけではなく、参加者の魅力や発言を引き出し、場の雰囲気を演出し盛り上げる役目も担っています。参加者の発言に臨機応変に対応し、他の参加者に振ってつなげ、豊かな学びの場をつくるために、教師はパフォーマンス力を高める努力が必要です。

発言の受け方・返し方に関わる言葉かけ

	低学年	中学年	高学年
教師の表情、目線、仕草、体の向き（★部分）	**<受け>** ・なるほど、すごいね。 ・さすがだなぁ、驚いた。 ・○○さんらしいね。 ★両手を広げて ★笑顔でうなずきながら ★拍手しながら（「はい、拍手！」）全員に拍手を促す **<返し>** ・○○さんのよさが分かった？ ・どうして先生が「すごいなぁ」と言っているのか分かる人いますか？ ★笑顔で全員を見ながら ★板書した黒板を指さし、軽くたたきながら	**<受け>** ・いいねぇ、最高ですね。 ・そうきたか、参ったなぁ。 ・君らしい内容だ。 ★小さくジャンプしながら ★発言者と握手しながら ★黒板の左端５分の１に発言者の名前を書きながら **<返し>** ・○○さんの発言を聞いてみんなはどう思いましたか？ ・○○さんの発言をコピーして言える人？ ★挙手のポーズをしながら ★全体を両手で包み込むように動かしながら	**<受け>** ・やるなぁ、考えたなぁ。 ・誰も気付かないこと。 ・そう言えるのは君だけ。 ★考えるポーズをして ★発言者を指さしながら ★教壇に小走りに戻りながら（「○○さんに拍手！」） **<返し>** ・○○さんの発言は、５点満点中何点ですか？ ・○○さんの意見について隣と相談しましょう。 ★ノートに書くよう指示しながら ★隣同士向き合うように両手で促しながら
子どもの思いを読んでの言葉	・うなずきながら聞いている○○さんが素晴らしい。 ・○○さんの発表を聞いて、△△さんの表情が変わりました。 ・○○さんの指先が、何かを言いたいと言っています。 ・○○さんが立ち上がって発表しようとしています。	・やる気は挙手の指先に出るんだね。 ・当然次は私だろうという顔をしている人がいます。 ・リアクションするならする（笑）ではっきりさせよう。 ・はてなマーク（？）が浮かんでいます。隣の人と相談しましょう。	・さすがです。言いたい気持ちがやる気の姿勢で分かります。 ・困った表情の人がいますね。隣としゃべろう！ ・悩んでいる人がいます。立ち歩いて学び合いましょう。 ・言いたい人、立ちます。
望ましい発言以外への受け・返し	**<発言できない子に対し>** ・○○さんを助けられる友達いませんか？ ・○○さんも言えるように席を立って自由に教え合いましょう。 ・大丈夫。教えてもらって言えるようになればいいんだよね。 **<望ましくない発言に対し>** ・一人ひとり違っていいんだよね。その勇気がいいね。 ・そう思ったんだ。○○さんらしい考え方だね。成長していることがうれしい。	**<発言できない子に対し>** ・○○さんの考えていることを予想して言える友達いますか？ ・悩んでいるんだね。そうやって考えているところが素晴らしい。学校は考えるところだからね。 **<望ましくない発言に対し>** ・ビデオを巻き戻そう（ヒントをノートに書く）。ではもう一度○○さんどうぞ。 ・○○さんと先生は秘密会議をします（ヒントや答えを教える）。○○さんどうぞ。	**<発言できない子に対し>** ・悩んでる？　考えてる？　それだから「次は頑張ろう」という次の目標が生まれるよね。 ・○○さんは、きっと□□□という言葉を使って発言すると思うなぁ。 **<望ましくない発言に対し>** ・確かに正しくはないけれど、○○さんは自己開示してくれました。 ・「○○さん式間違い」から、どんなことを学びますか？

9月

教師のパフォーマンス

派手なリアクションだけがパフォーマンスではない

飛び込み授業をする機会が増えました。もともと、同じ授業は二度とつくれないライブのようなものだと考えてきましたが、一度だけの授業の場合、ライブ感をより意識するようになりました。初めて出会う子どもたちに授業をするとき、どんな教材や資料を使うか、どう展開していくかとともにどんな空気をつくるかが大きなポイントになります。つまり、パフォーマンス力が必要なのです。パフォーマンス力というと、教師の派手な格好や動作をイメージするかもしれませんが、それらはパフォーマンス力の一部分にすぎません。

山口県の中村健一先生も書かれていますが、「お笑い」の基本型、フリ→オチ→フォローは、授業づくりに通じるものがあります。

フリ……指示・発問
オチ……子どもたちの反応（答える、ノートに書く、発表するなど）
フォロー……教師の表情、声、仕草、リアクション（ほめる、認める、励ますなど）

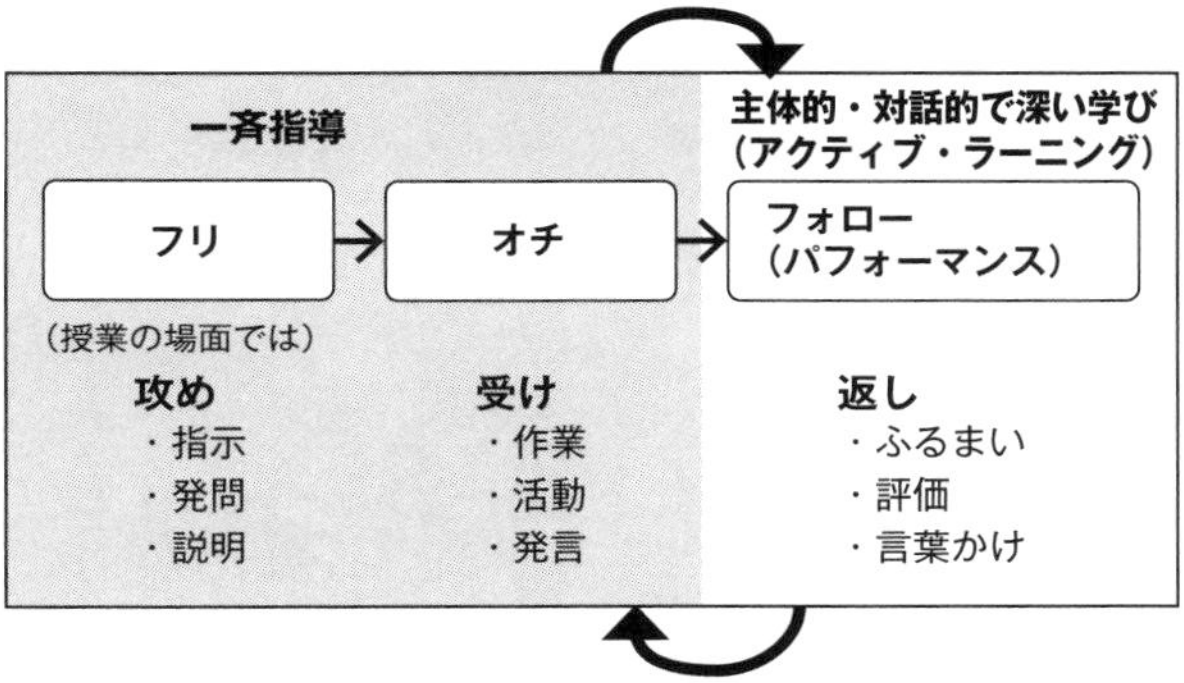
一斉指導
主体的・対話的で深い学び
（アクティブ・ラーニング）
フリ
オチ
フォロー
（パフォーマンス）
（授業の場面では）
攻め
・指示
・発問
・説明
受け
・作業
・活動
・発言
返し
・ふるまい
・評価
・言葉かけ

このなかで、パフォーマンス力が試されるのがフォローの部分です。パフォーマンス力には、リアクション力や演技力の他、内面を見る力という意味もあるそうです。誰が動いたか、どうつながったか、何を感じたか、子どもの表情や仕草、態度、発言などから内面を探ることも、パフォーマンス力の一つと言えます。子どもたちの内面を考えずにリアクションをしても、単なる〝ウケねらい〟でしかありません。

ところが、いろいろな授業を見ていると、フォローが弱いことに気づきました。指示・発問をして子どもたちが正解を出したら次に進む。その繰り返しで、十分なフォローがないのです。

学級経営がうまくいっていない教師は、教卓から動かず、顔は下向きかげんで表情も口元を動かす程度、教室の後ろまで届かない小さな声になりがちですが、これではパフォーマンス力が発揮されるわけがありません。その結果、硬くて遅い教室になるのです。

統率型の〝悪しき〟一斉授業の歴史のなかでは、パフォーマンス力は不要、むしろ抑圧するほうがよかったのかもしれません。しかし、多様な学びが求められる今、動きを伴いながら子どもの内側を読むというパフォーマンス力をつけなければ、主体的・対話的な学びを深めることはできません。

パフォーマンスに特化した振り返りを

教師の表情や動き、ふるまいなどのパフォーマンス力は、これまであまり重要視されてきませんでした。

指導案には、教師の指示・発問や授業の流れが事細かに記されますが、子どもたちの反応の予測やそれに対する教師の返しが記載されているものはありません。

校内研修も同様で、教材や発問のよし悪しが中心になり、教師のパフォーマンス力について語られることはまずありません。

また、子どもたちの話し合い活動にしても、分かりやすく伝えるための三つの法則（結論から言う、○個あります、と最初に言う、短文で話す）をスキルとして提示するだけで、そのパフォーマンスについて指導することはほとんどありません。あっても、「相手の目を見て話す・聞く」など形式的な動き程度です。そもそも教師自身がパフォーマンスや教室の空気感について自覚していないのですから、子どもの話し合いも形式的なものになります。指導内容は新しい学びを目指していても、空気感・実態は従来型の一斉指導と変わらないのです。

教師の仕事は教化だけではありません。感化の部分をもっと大切にしなければ、ダイナミックで動きがある学びはつくれません。

それでは、教師がパフォーマンス力を身に付けるにはどうすればいいのでしょう。私は、書物を読むだけでなく、自他を含めて実際の授業から学ぶのがいいのではないかと考えています。録画した授業を、教師のパフォーマンス力というテーマに絞ってストップモーションで振り返るのです。

ストップモーションで授業を振り返ると、教師の発問内容や子どもの反応など、気になる箇所が目につき、視点も散乱しがちです。そのため、視点を教師のパフォーマンス力に絞ることがポイントです。

発問の際の目線や手の動き、子どもの発言に対するリアクションや返しの言葉、誤答に対する言葉かけ、話し合っているときの動線など、一挙手一投足に着目して気付いたことを箇条書きに記していくのです。

一人でもいいし、何人かで振り返ってもいいし、他の教師の授業を見てもいいでしょう。動画であれば客観的に授業を見ることができ、自覚していた、あるいは無自覚だった自らのパフォーマンス力に気付くでしょう。

教師のパフォーマンスを高める動きと言葉かけ

※各欄の◎は動き、・は具体的な言葉、〇は「見る目」

	低学年	中学年	高学年
ほめる	◎笑顔で ◎拍手をしながら ◎大きなジェスチャーで ・片付けが上手だね。 ・すごいね。 ・100点です。 ・先生は、△△さんの～がうれしいよ。 〇～ができるようになってきたのがよく分かる 〇以前よりも～がよくなってきたのが成長だ	◎握手をしながら ◎黒板の隅に名前を書いて花丸をつけながら ・きれい好きだね。 ・最高ですね。 ・「一人が美しい」ですね。 ・みんなを代表して△△さんにお礼が言いたいよ。 〇表情から～が伝わってくるようになっている 〇態度からも確実に～が伸びてきているな	◎目の表情に気をつけて ◎大きく両手を広げて全体に伝えるように ・自分の力をみんなのために使っているね。 ・成長しているね。 ・その行為は価値語です。 ・クラスみんなの宝物です。 〇口調からも内面の成長が分かる 〇友達との接し方が他己中なのがよく分かる
認める	◎目を見てうなずきながら ◎頭をなでながら ・頑張ったね。 ・それでいいんだよ。 ・頑張ったんだね。 ・ありがとう。 〇これからも△△さんは続けてくれるだろう 〇笑顔からも次も大丈夫だろう	◎笑顔で拍手をしながら ◎両肩に手を置いて ◎明るい声と目の表情で ・△△くんらしいね。 ・それがあなたの本当の姿だね。 ・成長がうれしいよ。 〇この表情からも次はもっとよくなるだろう 〇目の奥にやる気が出ているので次は～を期待できる	◎クラス全員を見ながら ◎本人の行為を再現しながら ・君の内面の成長が分かる。 ・君らしさが分かるよ。 ・あなたに感謝しているよ。 ・先生にも伝わります。 〇あの言葉を口にしていたから次は～だろう 〇戻る後ろ姿から他の～も～するだろう
励ます	◎笑顔でゆっくりと話しかけながら ◎同じ目の高さになって ・次も大丈夫だからね。 ・これからも同じように頑張ればいいからね。 ・先生は信じているよ。 〇少し不安かもしれないので気をつけておこう 〇笑顔と声の強さから受け止めてくれたようだ	◎体の一部に手を置いて ◎子どもの言葉を繰り返しながら ・安心してね。先生も失敗したことあるよ。 ・あなたらしくこれからも。 ・先生も応援しているよ。 〇弱気な言葉もあったので、時々声かけをしよう 〇最後の表情はこちらの思いを理解してくれたようだ	◎力強く握手しながら ◎表情や体の動きを子どもに合わせるように ・一歩先に進もう。 ・自分らしさを発揮しよう。 ・先生は、ずっと君のことを見ているよ。 〇初めてのことで不安だろうから見守ろう 〇目や体の動きから自信を持って挑戦するだろう

10月

自由な立ち歩きによる話し合い

自由に立ち歩く＝遊ぶイメージ!?

現行の学習指導要領では、授業での話し合い活動がより重視される流れがありますが、その多くが近い席の子ども同士がペアやグループで行うという域から出ていないように感じます。話し合いの内容も、ワークシートの答え合わせ、しかもできる人が一方的に教えるだけの活動になっていることがあります。対話で重視される「聞く力」も、「相手の目を見る」「話す人のほうに体を向ける」など、スピーチの聞き方の指導だったり、「聴という字は、耳と目と心でできている」などと伝える精神的しつけのような指導だったりと、アクティブな対話とはかけ離れた指導も見られます。これでは話し合いによって新たな気付きや発見が生まれるはずがありません。

対話・話し合いは次の三つで成り立ちます。

①しゃべる……根拠を持って話す。

②質問する……なぜ、例えば、を使う。連続して尋ねる。

③説明し合う……相手の理解を確認する。根拠を持って説明する。

授業中の話し合いを活発にするためには、子ども同士の自由な立ち歩きが不可欠ですが、抵抗を感じる教師も少なくありません。子どもが立ち歩く＝さぼる、遊ぶというイメージを抱くようです。教師が教えるほうが、子どもはよく分かるはずだという思い込みが、立ち歩きへの拒否反応につながっているのでしょうか。

対話や話し合いは、次の効果を生み出します。

①学級の人間関係がよりよいものになる

②学びを高める学級集団になる

つまり、民主主義社会の担い手を育てる根底にあるのが、対話・話し合いの活動なのです。

自由な立ち歩きをさせると、最初は仲良しや同性同士で集まります。それでも、普段のおしゃべりとは異なる新たな発見や、自分と他者との違いが如実に表れます。その面白さに気付いた子どもたちは、だんだんと他の子どもにも向かうようになっていきます。もし気になることがあれば、その都度子どもたちと一緒にルールを決めていけばいいのです。

教師の指摘により問題点に気付かせる場合もあれば、子どもたち自身が気付く場合もあります。課題が表れた場面で、途中で話し合いを止めてもいいでしょう。今の話し合いで何か気付いたことがないかと問い、子どもたちに考えさせるのです。それには次のようなケースが考えられるでしょう。

・すぐに答えを言う
・いつも同じ相手と話す
・教える―教わるがいつも決まっている
・話し合いに入れず一人でいる
・根拠を示さず、適当に話すだけ

問題点を挙げたら、どうすればいいかについて考えさせます。このとき、マイナス面ばかりを伝えるのではなく、いろいろな相手と話し合っている子や「もう少し詳しく説明してください」と尋ねていた子など、プラス面の行為を取り上げて子どもたちに示すといいでしょう。

教師が気付いたことについて考えさせたり、子どもが振り返りで書いた感想や意見から拾い上げて伝えたりしながら、話し合いのルールをつくり上げていくことで、学びの集団の絆はより強まっていくのです。

自由な立ち歩きの価値を理解して

自由な立ち歩きによる話し合いは、挙手→指名→発表という画一化された授業からの脱却につながっていきます。従来の一斉指導にこだわり、自由な立ち歩きの目的や価値を教師自身が理解していなければ、一つの手法、一つの現象で終わってしまいます。

自由に立ち歩く少人数での話し合いは、教科を超えたすべての学びの基盤づくりになります。学級経営と同時進行しながら、人間関係を築く総合力になるのです。

自由に立ち歩いて話し合うと、子どもたちの表情がみるみる変わっていくのがわかります。誰もがテーマに対して自ら考えようとスイッチが入るのです。自分の意見を相手に伝え、それに対して相手が質問してくる、お互いの考えを出し合い、ときには自分の考えが覆る。様々な考え方があることにワクワクしている姿を見るのは、とても楽しいことです。そういった子どもたちの表情に気付け、話し合いの価値を見出すことのできる教師でありたいと思います。

もちろん、自由な立ち歩きを一回やったからといってうまくいくものではありません。しかし話し合い活動というのは本来、様々な考えを出し合い、何かを創っていくことに面白さがあるのです。それは、人を育てる面白さでもあります。成長のスピードや、目に見える成果を気にするのではなく、ゆったりした気持ちで取り組んでほしいと思います。

自由な立ち歩きによる話し合いを促す言葉かけ

	低学年	中学年	高学年
しゃべる	・うなずくだけでもいいんだよ。 ・友達と順番に話をしようね。 ・ノートに書いたことを話そうね。 ・理由をたくさん話そうね。 ・書いていなくても、思いついたことで大丈夫。	・自分から友達のところに行って話そう。 ・ノートの箇条書きの内容を話そう。 ・ノートに書いていないことも話せたらいいね。 ・理由を詳しく話そう。 ・相手に分かるように話します。	・「自分から動く」は価値語ですね。 ・まずは書いたことを話します。 ・書いていないことも話せる即興力を磨こう。 ・一つずつ整理して話そう。 ・結論と根拠をはっきりさせて話そう。
質問する	・おたずね名人になろう。 ・「？（はてな）」を見つけながら聞こう。 ・「どうして？」「もっと詳しく教えて？」の質問をたくさんしよう。 ・一つ聞いて終わりではなく、続けて質問しよう。	・対話や話し合いのポイントは質問力です。 ・質問し合って、お互いの学びを深め合うのです。 ・「なぜ？」「例えば？」を使って質問しよう。 ・連続質問が当たり前にできるようになろう。	・質問力が、対話や話し合いの質を決めます。 ・相手のよさを引き出すような質問をしよう。 ・「なぜ？～なぜなら」のキャッチボールをしよう。 ・連続質問は学び合うために必要なことです。
説明する	・詳しく教えてあげよう。 ・「だって～だから」と理由を話そう。 ・お友達にたくさんお話をしてあげよう。 ・友達が分かったかどうか時々聞いて確かめよう。 ・身ぶりや手ぶりも使って説明しよう。	・説明のポイントは詳しく話すことです。 ・「なぜかと言うと」を使って分かりやすく話そう。 ・「ここまで分かる？」「これは大丈夫？」と相手に聞きながら話そう。 ・ノートに説明を図や文字で書きながら話そう。	・対話や話し合いは根拠の説明をし合うことです。 ・理由はエンドレスだから詳しく話そう。 ・相手の理解を確かめながら話そう。 ・言葉以外の方法も使おう。 ・他の資料やデータも使って理解し合おう。
話し合いの態度	・自分から友達と話そう。 ・最初に「お願いします」、終わりに「ありがとうございました」と言おう。 ・誰とでも話ができるようになろう。 ・笑顔で話し合おう。 ・友達のいいところも言える話し合いをしよう。	・自分から動くのです。 ・最初と最後にあいさつをして話し合おう。 ・時間いっぱいいろんな友達と対話をするのです。 ・笑顔で話し合うと対話の中身も深まるようです。 ・相手と仲よくなれるような対話・話し合いをしよう。	・「一人をつくらない」話し合いをみんなでしよう。 ・学級の総合力を見せるときです。最高の姿を見せよう。 ・相手に「ありがとう」と言ってもらえるような時間にしよう。 ・口角を上げて誰とでも話ができる人になろう。

11月

教室環境を変える

教室の掲示物に教師の授業観が表れる

30代半ばの頃、授業参観に訪れたPTA会長の一言が、今でも心に強く残っています。六年生と五年生の父親であるPTA会長が二つの教室を見た後、私に感想を話してくれました。
「六年生の教室は、きちっと整っていて、子どもたちも静かだった。五年生の菊池先生の教室（の掲示物や展示物）はごちゃごちゃ。でも動きがあったね。子どもたちの息づかいが伝わってくる気がしたよ」

子どもたちが活発に動く学級づくりには、教室環境が大きく影響することに気付かされました。そのような経験もあって、私は現在、授業を参観するとき、真っ先に教室の掲示物に注目します。教室には担任の学級経営方針が表れているからです。

そのような視点であらためて教室を見渡すと、多くの教室がどこも似たような掲示物でつくられていることに気付きました。自己紹介文や「黒板消し係」「プリント配り係」など〝当番〟と混同した係活動の紹介、理科の観察や日記などの学習内容の展示……。これらがすべて、あらかじめ担任が作成したフレームのなかに収まり、担任が用意したペンで記入されているためか、雰囲気も似通っています。罫線を埋めるためにひらがなを多用した大きな字で記入し、罫線を書き加えて用紙いっぱいに書き込んでいるものは見当たりません。形式が決まっているので、掲示物は整然としていますが、そこには表現的にも内容的にも質の高まりが感じられず、その子らしさや個性が見えません。

さらに、学年で統一し、どのクラスでも同じ掲示物、という学校も数多くあります。これは、自分のクラスの子どもたちを成長させることからの〝責任逃れ〟といっても過言ではありません。そこには、子どもたちの個性はもちろん、学級の個性も感じられないからです。掲示物一つ取ってもそのような状況ですから、その先生の授業からは言わずもがな、管理統率型の学級経営が読み取れました。

ある学校の調査によると、教室環境と学級経営には次のような因果関係が見られました。

・低学年……規律偏重型の学級で、管理等が行き届いている。子どもたちの伸びやかさに欠ける。
・中学年……低学年の流れのまま進級しているので、まだ大事には至っていないとは言え、子ども同士のつながりが弱い。
・高学年……自分らしさを出す場面が少なく、探求的な学びの経験がないため、意欲的になれない。学校生活がつまらない。
これは全国の多くの小学校に、少なからず当てはまるのではないでしょうか。

表現方法も子どもたちの主体性に任せて

自分らしさを発揮し、意欲的に学んでいく子どもたちを育てるために、教室環境の改善は大きな課題です。そのためには、子どもたちが次のように学ぶことが重要です。

・自分たちで答えを見つける問いを多く投げかける
・少人数で話し合う場を設ける
・教師が子どもたちの視界から消える
・黒板を開放する
・辞書や参考図書などの資料を、一人ひとりが自分の机に置く
・学級文庫などを設置し、教室に資料を豊富に用意する
・図書室やパソコン室も積極的に活用する
・家庭でも調べる

このように学ぶことで、子どもたちは自分の答えを見つけ、その答えにはその子らしさが出る

ようになります。

話し合いのとき、模造紙にマジックペンで意見を書き込んだり、付箋に書いて貼ったりする活動を取り入れた場面を見かけますが、多くは教師が用意し、記入方法も全グループで統一されています。主体的な内容（意見）を求めるのであれば、その表現方法も子どもたちの主体性に任せるべきです。

理科の実験のとき、事前に実験道具をすべて用意する教師が多いようです。もちろん、薬品など危険物に対する注意は必要ですが、実験や観察のために、何が必要かを子どもたちで話し合いながら決めていくことで、主体性が生まれ、深い学びに変わっていくはずです。後片付けができないことを叱責するより、日常から主体的に動くことに力を入れる、プラスの考え方のほうがずっと建設的です。

・子どもが自ら動く
・1年間の見通しを持つ
・子どもの変容を信じる

教室環境は、こうした授業観、子ども観を教師が持っているか否かが浮き彫りになる鏡なのです。

自発的に活動する教室環境づくりのための言葉かけ

	低学年	中学年	高学年
生活	【係活動】 ・自分の好きな活動が分かる絵を描こう。 ・みんなにも喜んでもらえることを書こう。 ・クレヨンや折り紙を使って楽しいポスターにしよう。 【価値語】 ・お気に入りの色画用紙に写真を貼ろう。 ・みんなで決めた価値語を写真の上に書こう。 ・オリジナル価値語をつくろう。 【成長年表】 ・好きな色の短冊に頑張ることを書こう。 ・先生と話し合って決めた価値語（目標）を書こう。 ・みんなの成長記録にしようね。	【係活動】 ・自分らしさを発揮したポスターにしよう。 ・みんなとのつながりが生まれる活動が分かるようにしよう。 ・ワクワク感が伝わるアピールを工夫しよう。 【価値語】 ・〇年〇組だけの価値語をつくろう。 ・お気に入り価値語ポスターをつくろう。 ・オリジナル価値語カレンダーをつくろう。 【成長年表】 ・学校行事以外の学級行事の短冊もつくろう。 ・短冊と写真や価値語をセットにしよう。 ・次の短冊がどんな成長を促してくれるのか想像しよう。	【係活動】 ・自分の存在感をポスターで示そう。 ・学級を成長させる活動内容を工夫して伝えよう。 ・ポスターの素材も内容の伝え方も自分の個性を十分に発揮しよう。 【価値語】 ・世界の中で一つしかない価値語をつくろう。 ・場面に応じた価値語ポスターをつくろう。 ・学級オリジナル価値語カレンダーをつくろう。 【成長年表】 ・学級に広げたい友達の価値ある行動も短冊にしよう。 ・量より質を考えた短冊を増やそう。 ・これからどんな短冊（成長）があるか予想しよう。
学習	【机周り】 **〇使いやすく整理させる** ・机のなかをきれいにしてパッと何でも出せるようにしよう。 ・お道具箱を何でもできる魔法の箱にしよう。 【図書室・PC 室】 **〇ルールを決めて活用量を増やす** ・図書室は、第二の教室です。 ・先生にお願いして PC 室も使おうね。	【机周り】 **〇自分（たち）でも答えを見つける環境にさせる** ・辞書類を机の上にそろえよう。 ・学習に必要なものは、自分（たち）でそろえよう。 【図書室・PC 室】 **〇自由に使える学習のルールを話し合って決める** ・図書室・PC 室は、学習の作戦基地です。 ・図書室・PC 室を活用できる人は学び続ける人です。	【机周り】 **〇自分（たち）で答えをつくる学びを保障する** ・必要に応じて机の上の辞書類を活用しよう。 ・机周りだけではなく教室のなか全体を学習室にしよう。 【図書室・PC 室】 **〇学びを拡大する学習ルールを話し合って決める** ・対話的な学びに必要な学びの質を高めよう。 ・考え続ける人になるための学びを自分からしよう。

※価値語、成長年表に関しては 104～105 ページをお読みください。

12月

自由起立全員発表

自由起立全員発表を実現するためのステップ

教師主導の画一的な授業から、子どもが自ら考え、答えを見つけていく授業に変えていくには、意見発表の際に、自由起立で全員が発表することがキモになります。そうは言っても、最初から簡単にできるものではありません。何を言えばいいかわからず、口をつぐんでしまう子どもも少なくないはずです。思ったことを自由に発表させるためには、いくつかの段階を踏むことが必要です。次のようなステップで進めるといいでしょう。

①事実について、一文で自分の考えを書かせ、発表させる（例・窓から何が見えますか）

事実の発表なので、慣れていない子どもたちでも発表しやすくなります。事実であっても、様々な答えが出てきます。一人ひとり見方が違うことに気付かせ、価値づけます。

②自分が思ったこと・感じたこと（意見）を書かせ、発表させる（例・台風という言葉を聞いて思うことを書きましょう）

一つの単語から連想したことを発表させると、一人ひとりの違いがさらに出てきます。

③形容詞や形容動詞、比喩などで表現させる（例・校長先生は○○のようだ）

①②よりも、さらにバラエティに富んだ発表が出てきます。ユニークな考えだったり、細かいところまで目を向けていたりと、その子らしさが表れます。「自分の考えを自由に発表してもいいんだ」と子どもたちが考えられるようになってきます。

内容についてステップを踏んでいくのと並行して、発表の仕方についても少しずつレベルアップしていくように指導していきます。

最初は、教師が黒板に書いた字や教科書を、一文読みで班ごとに読み合います。国語の説明的文章が適しています。流れるように読めるようになるまで続けます。班対抗でスピードを競ってもいいでしょう。慣れてきたら、自由起立によって全員で一文読みを行います。立つタイミングの見極めや、同時に立ったときの譲り合いなどを経験させ、慣れてきたら全員が読み終わるまでのタイムを計り、スムーズに進められるよう促していきます。こうした内容面と実際の進め方、両面からのトレーニングが、その後の自由起立発表の基礎となっていきます。

子どもたちとルールをつくりプラス面を評価する

自由起立発表を行うと、最初は慣れないため、立つタイミングがつかめなかったり、ゴリ押しで発表しようとする子が出てきます。先生方にとっては、これらの問題が自由起立発表をためらう大きな要因となっているようです。

このようなトラブルは、話し合いの質を高める大きなチャンス。子どもたちと一緒にルールをつくっていけばいいのです。気になる点を出し合い、どうすればいいかを考え合うよう促します。学級づくりの基礎と同じです。

最初に発表する子がなかなか出てこない場合、全員が発表することを教師が明言し、先に発表するほうが気持ちが楽であることを助言します。初期には、口火を切る子だけ、教師が指名してもいいでしょう。

意見を出せない子が多い場合、まず全員にノートに意見を書かせ、教師のところまで持って来させます。意見に大きくマルをつけ、よかったところに＋印、または一言メッセージを入れてあげます。不安げな子に「よし、発表しよう！」と自信を持たせるためです。座ったまま発表する子には、全員起立して発表することを伝えます。下を向いて話している子には、「一番離れている席の○○さんにも聞こえるように、はっきりと話しましょう」「聞いていない人をガン見して話しましょう」など、ユーモアを交えながらアドバイスしていきます。

発表を見ていると、「なかなか立ち上がらない」「声が出ていない」等、教師はどうしてもマイナス面に目が行きがちです。教師が苦虫をかみ潰したような表情をしていれば、子どもたちも萎縮してしまいます。あくまでプラス面に目を向け、その場で評価していきます。

「○○さんと似ているけれど、私は——」と言った子には「人の意見をよく聞いている証拠ですね」「△△さんは『○○さんと似ているけれど』と言いましたが、少しでも違う言葉で表現しましたね」とほめます。さらに、ノートに書いている途中で発表するタイミングを迎えたり、他の子と内容が重複してしまい、書いてあることと違う意見を発表したりした子がいたら、大きく取り上げて「ノートに書いていないことも、その場で考えて発表した○○さんは即興力がありますね！」と評価します。

同じことを言わない、話し方を工夫する、観察力を身に付ける……こうした積み重ねが、徐々に白熱した話し合いに結びついていきます。

自由起立発表を活発にするステップと言葉かけ

	低学年	中学年	高学年
自由起立発表の3ステップにおける指示	**【ステップ1】** ・窓から見えることやものを書きましょう。 ・書いたことを順番に立って読みましょう。 **【ステップ2】** ・「雨」という言葉から思うことや考えたことを自由に書きましょう。 ・書いたことを手を挙げて読みましょう。 **【ステップ3】** ・お母さんはまるで□□□のようだ、の□□□に言葉を入れましょう。 ・書いたことを自分から立って読みます。見ないで発表できるといいね。	**【ステップ1】** ・1分間窓の外を見て、何でもいいから1文で書きましょう。 ・書いたことを自由に発表してください。 **【ステップ2】** ・「雨」という文字を見て、思いついたことをたくさん書きましょう。 ・書けた人から順に、とっておきの一つを発表しましょう。 **【ステップ3】** ・校長先生は□□□である、の□□□に言葉を入れましょう。 ・自由起立発表で言いましょう。	**【ステップ1】** ・1分間窓から外を見て、事実を1文で書きましょう。 ・書いたことを見ないで自由起立発表で言います。 **【ステップ2】** ・国語科を色で表すと何色ですか。理由も書きましょう。 ・書けた人から順に、書いたことをなるべく見ないで言います。 **【ステップ3】** ・幸せを感じる食べ物は何ですか。理由も書きます。 ・友達との間を空けずに自分から発表します。
トレーニング	○黒板に書いた言葉や文を順番に立って読んでいく。 ○班で1文読み（句点で交代）を繰り返す。 ○国語科の説明的文章を使って、1文読みを全員で順番に行う。 ○全員での1文読みに慣れてきたら、自由起立発表で行う。	○教科書の文章で1文読みを班内で3分程度繰り返す。 ○国語科の説明的文章で、1文読みを全員で繰り返し、その時間を記録する。 ○ノートに箇条書きで書いた自分の考えを、自由起立発表で出し合う。 ○全員参加の自由起立発表後に、感想や意見の交流を行う。	○国語科の説明的文章を中心に、1文読みを行い、その時間を記録し、時間を縮める取り組みを行う。 ○ノートに箇条書きで自分の考えをたくさん書いて、自由起立発表で出し合う。 ○自分の考えを自由起立発表で出し合うなかで、質問や意見を出し合い、話し合う雰囲気を体験する。
言葉かけ	・書いたことをそのまま発表しよう。 ・自分と似ている人や違う人を見つけながら聞こう。 ・みんなが言えるようになろう。スーパー○年生ですね。	・思ったり感じたりすることは、一人ひとり違うんだね。 ・全員が参加者になって発表できることは素敵ですね。 ・譲り合っているところに思いやりがあることが分かります。優しさが伝わります。	・自由起立発表で全員が言えるところに学級力が表れます。 ・苦手な友達や自信のない友達を優先して、譲り合う姿が美しい。 ・話し合いに近づいています。

1月

共同思考を促す発言の受け方・返し方

〝ない〟現象にはプラスのアプローチで

全員発表に取り組むなかで、書かない・発言しない・聞かない・対話しない、向き合わない等の、〝ない〟現象がしばしば起こります。こうした〝ない〟現象が起きた場合、どのように受け返しをすればいいのか戸惑う教師も少なくありません。

こうした〝ない〟現象に対しては、プラスの言葉かけにより、マイナス要素をひっくり返しましょう。

例えば、一人しか挙手がなかった場合、「たった一人でも手を挙げたこと」をほめ、「一人が美しい」と価値づけるのです。

また、列指名で発表できず固まってしまう子がいたときは、次のような対応が考えられます。

・その子のそばに行き、教師がノートに答えを書いてあげる
・「こっちに来て」と子どもを廊下に呼び出し、こっそり答えを言ってあげる
・周りの子どもたちに、「〇〇さんの代わりに言える人？」と伝え、助け船を探す

・「今、一生懸命悩んでいるところなんだね。とてもいいことです！　言えるようになったら発表してね」と声をかける（この後、発表できたときにはほめる）

このように、本人や周りの子どもたちの緊張を解き、みんなが笑顔になるような受け返しをします。その場で自分の意見を発表できなくても、次は頑張ろうという気持ちを持たせることが必要です。

「書けない」現象に対しては、「グループで納得いくまで相談してから書いてごらん」「黒板を見て書いていいからね」といった言葉かけが有効です。算数の授業の、「まず自分で考えて答えを書きましょう」という〝安易〟な指示も、ときには見直すべきです。授業のたびにテストを受けているような気持ちになり、意欲をなくす子も少なくないのではないでしょうか。

机間指導においても、正解の子に対してうなずくだけでは他の子に伝わりません。いい意見が書いてあったら声に出して読み、ほめる。一人ひとり意見を黒板に書かせる。「考えが浮かばなかったら、他の子のところに行って見せてもらってもいいよ」と促す。受け答えをしながら、教師対子どもが1対1になっている関係を、1対多にしていけるよう、様々な意見を全員で共有していくことが大切です。

発表の意義は、一人ひとりの意見の違いを認め、学級全員で考え合い、学びを豊かにしていくことにあります。子どもの発言を活かし、共同思考を促すために、教師の「受け」と学級全体への「返し」が重要だということは、65ページの「発言の受け方・返し方」でもお話ししました。

正解か不正解かの2択で進む発表は、協同的な学びにはつながりません。

話し合いは、限られた数人のためのものでも、教師主導のものでもありません。学級全員が自ら参加することが不可欠です。教師の受けや返しが、その後の全員参加の話し合いに向けた基盤をつくっていくのです。

話し合いは〝一発勝負〟にあらず

このように受け返しを位置づけると、〝ない〟現象への対応も変わってくるはずです。

子どもの誤答に対しても、「はい、次」と正解が出るまで流すのではなく、「あなたの誤答のおかげでみんなも勉強になったね」と価値づけることができるでしょう。

人の話を聞かない子に対しては、ちらっと目を向けたタイミングで、「今、AさんはBさんを見ていましたね。しっかりと目を向けて相手の話を聞くことはとてもいいことです」と非言語の部分を大きく取り上げて価値づける。小さな表情の変化をとらえ、ほめる。こうした価値づけを積み重ねることで、少しずつ〝ない〟現象が減っていきます。

性急に正解を求めるだけでは、いつまでたっても子どもたちの意見は熟成しません。発表しないという現象一つとっても、その裏にあるものは、実は相手の話をじっくり聞いていたり、自分の意見をゆっくり練っていたりと、一人ひとり異なります。発表しないという現象のみをとらえず、非言語の部分をよく見て、子どもたちに返すことが大切です。

正解を答えられないときに否定的な態度をとったり、「黙っていたらだめでしょう！」と強く返しても、子どもたちは萎縮するだけです。周りの子どもも助け船を出す余裕がなくなります。気になる行動や発言などのマイナス面を責めれば責めるほど、子どもたちは落ち着かなくなり、気になる子が増えるという悪循環に陥ります。

話し合いは正解・不正解の〝一発勝負〟ではありません。今日の授業で発表しなかった子も、次の授業で発表しようと思えるような、次につながっていく受け返しが必要です。

自分の意見をみんなに発表しようと思う、他の人の意見を聞きたいと思う話し合いになるか否かは、プラス面を見つめる教師の受け返しにかかっています。教師の授業観が大きく問われる指導なのです。

“ない”現象に対するプラスの言葉かけ

	低学年	中学年	高学年
書かないとき	・考えていることが素晴らしい。 ・書こうとしている気持ちが先生はうれしいよ。 ・後で友達と相談し合うから安心して考えよう。 ・友達に「ちょっと教えて」と言えばいいんだよ。ヒントがあるよ。	・悩みながら書こうとしている今のそのやる気がうれしいよ。 ・友達にすぐに相談することも大事だね。 ・「○○さんは～と書いている。なるほどなぁ」（と机間指導しながら聞こえるようにつぶやく）。	・悩んでいるということは、考えているということです。 ・ＡかＢかの立場を決めたのなら、必ずその理由はあるはずです。書けます。 ・今書けなくても、後の友達との交流でたくさん書ければいいんだよね。
発言しないとき	・目と口元が何かを言おうとしています。次が楽しみです。 ・発表しようとしている今の気持ちが大切ですね。 ・先生は、～だと思うんだけど、それでいいかな。 ・一生懸命話そうとしている○○さんを助けられる人いませんか？	・悩んでるね。悩むということは考えているんだよね。学校は、考える力を伸ばすために来るんだよね。 ・発表できなくても、次は頑張ろうという目標ができましたね。 ・友達が困っていたら代わりに発言できる。そんな学級をつくろうね。	・たった一人でも、周りの空気に負けないで手を挙げる、そんな人がカッコいいんだよね。 ・恥ずかしいと言って何もしないことを恥ずかしいと言うんだよ。 ・みんなが安心して自分の言葉で話せる学級をこれからも目指そうね。
聞かないとき	・見ることは聞くことです。目が聞いています。 ・聞くことは思いやりですね。優しさですね。 ・音を消そう（静かに）。 ・少し目が動きました。先生もうれしいです。 ・体の向きが少し友達に向きました。聞こうという気持ちがさすがです。	・この学級には、聞かないという無視をする人はいないでしょう。 ・聞き合う力は、学級の思いやりのバロメーターです。みんな学級の一人です。 ・（聞かない子の肩に手を置き）こうやって目と体を向けてあげられる君の優しさが素敵です。	・正対は、体と心のあり方を示しています。 ・コミュニケーションの基本は聞き合うことです。 ・さすがです。もう話し手に目を向けています。 ・（話し手に）一番聞いていないような人をガン見しながら話しなさい。 ・聞く人は成長する人です。
対話しないとき	・隣と向き合うスピードが速いですね。 ・対話は、向かい合って口を開けることですよ。 ・相手の友達から「ありがとう」と言ってもらえるような話し合いにしよう。 ・友達に笑顔を贈れる人になろうね。 ・一人ぼっちをつくらないように話し合います。	・「自分から対話ができる」これが中学年の当たり前の姿です。 ・相手が困っていたらフォロー発言（「例えば～なの？」）ができる人になろう。対話は思いやりです。 ・「一人も見捨てない」教室を目指すのです。対話に入らない友達をみんなでどうしたらいいか考えよう。みんなの問題です。	・誰とでも「話し合えます。話し合います」と言える人が高学年ですね。 ・相手のよさを引き出すレベルの対話ができる人になろう。 ・教室の人間関係をよりよいものにするために対話や話し合いをします。そのために、一人ひとりが学級の一員としての責任を果たそう。

2/3月

自由な立ち歩きによる話し合いを深める

「発表しておしまい」の表面的な話し合い

全国各地で話し合いの授業を参観しているとき、気になることがあります。

子どもたちが意見を発表したとき、発表順に羅列して板書しているだけの教師が多いのです。

例えば、国語の授業で主人公の気持ちを尋ねたとき、「うれしかったと思う」「ちょっといやな気持ちだったと思う」という相反する意見を発表順に並列で書いていく板書です。そして、「みんなが意見を発表した」「どっちの意見が多かった」など、表面的な現象だけとらえ、「楽しく活発な話し合いができた」と話し合い活動を終えるのです。

話し合いの活動は、意見を出しておしまいではありません。出された意見に対して、「なぜそう思ったのか」という質問や「それは違うのではないか」という反論を出させ、意見を交わすことこそが大切なはずです。出された意見を整理して仲間分けする、意見の根拠を述べさせ、どちらの意見に説得力があるかを考えさせるなど、相手と意見をやりとりする活動がなければ、話し合いにはなりません。

「なぜそう思ったのか」「どっちの意見のほうが強いと思うか」「これらの意見を二つに分けるならどうか」と課題を投げかけ、話し合いを深める指導が必要なのです。

こうした学びの根底として、意見を戦わせる土壌（学級）ができておらず、そもそも教師自身が子どもたちが発表したもののなかから答えを見つけることが話し合いだと考えていると、話し合いは現象面だけをとらえた浅い活動に終わってしまいます。

主張・根拠・理由づけが大切

話し合いの目的は、お互いの意見を成長させ合うことにあります。自分の意見を持ち、相手の意見を聞き、反論し合うなかで新たな気付き・発見をする、正反合の話し合いを実現することです。そのために、自由な立ち歩きは欠かせません。

そもそも、自由な立ち歩きは何のために行うのか。次の2点があります。

①対話の質を高めるため
②内容を深めるため

対話の質を高めるためには、子どもたちに目的と相手を意識させる必要があります。話し合いを何度も繰り返すなかで、こうした意識は生まれます。例えば、話し合うときにどれぐらいの大きさの声で話せばいいのか。1対1で話すのか、何人かと話すのか、全員に向けて話すのか、その都度異なります。大きな声を出すトレーニングはできても、適正な大きさは、体験を通してしか身に付きません。相手を意識することで生まれてくるものだからです。

話し合いは、大まかに二つの段階で進めていくといいでしょう。

最初の段階は、自分の意見を根拠と理由を含めて考え、自由に立ち歩いて意見を交換し合う段階です。

次の段階では、出された意見について、教師が問い返します。

・どれが一番ぴったり感じるか選びましょう
・これらの意見を二つに仲間分けしましょう
・二つのうち、どちらが大切か選びましょう

このように問いかけ、意見を深めていくのです。そして、同じ意見の人→違う意見の人と話し合うようにします。

話し合いを進めるうちに、「このテーマなら、○○さんの意見を聞いてみたい」「私の意見と違っていた△△さんと話し合ってみたい」と自ら相手を決めていくことができるようになってきます。対話に向かう鍵となるのが、目的と相手を意識することなのです。

しかし、お互いの意見を出し合うだけでは、話し合いの内容は深まりません。内容を深めるた

めには、主張・根拠（事実）・理由づけという三角ロジックを理解したうえで、それを用いて話し合うことが必要です。「あなたがそう考える根拠は何？」「あなたが示したデータは信頼できるものなのか？」と、「なぜ？」「なぜならば」をエンドレスでやりとりすることが大切なのです。

三角ロジックを用いた話し合いは、ディベート的な活動を通して身に付けるといいでしょう。肯定的な立場と否定的な立場に分かれ、お互いが根拠を挙げながら意見と反論を述べ合う体験を積み重ねることで、話し合いの土台がつくられていきます。一方で、議論を重ねることで合意を見出す熟議の視点も大切です。

ディベートと熟議、二つの話し合いを続けるうちに、相手の意見に納得したら自分の考えを改めたり、話し合うなかで新たな意見を見つけたりできるようになっていきます。このプロセスこそが、本当の話し合いなのです。教師は、ディベートと熟議の二つを常に意識しながら話し合いの指導を行うことが大切です。

自由な立ち歩きによる話し合いを深める言葉かけ

	低学年	中学年	高学年
目的意識を育てる言葉	・たくさんの友達と仲よくなろう。 ・分からないところを教えてもらいに行きましょう。 ・友達と話し合って理由の数を増やしましょう。 ・自分と同じ考えの友達と話しましょう。 ・自分と違う考えの友達と話しましょう。	・学び合う友達としての関係をよくしよう。 ・自分と違う意見を赤鉛筆で書いて理由を増やしましょう。 ・同じ立場の人と作戦会議をしましょう。 ・自分と違う立場の人と対話をしよう。 ・新しい考えを見つけよう。	・成長し合う学びの仲間としての対話をしよう。 ・新しい気付きや発見をするために対話をしよう。 ・相手と意見や考えを成長させ合うために話し合います。 ・何かを決めるための話し合いにしよう。
相手意識を育てる言葉	・「一人をつくらない」話し合いをしよう。 ・できるだけたくさんのお友達と話そう。 ・もっと知りたいなと思う考えの友達のところに行こう。 ・自分と違う考えの友達と話そう。	・「一人も見捨てない」を価値語にしよう。 ・男子女子関係なく学び合えるのが成長です。 ・自分の考えを伝えたい友達のところに行こう。 ・自分の考えを成長させてくれる友達のところに行こう。	・相手の意見を引用しよう。 ・「話し合いは学級力」だから全員が参加者になろう。 ・人と論を区別します。 ・自分の成長のために必要な友達と対話をしよう。 ・目的に合った対話相手と対話内容を考えながら学びましょう。
ディベート的活動で	・笑顔で話し合いができるようになろう。 ・自分から動いて話し合いに参加します。 ・相手の意見をよく聞いて一緒に考え合います。 ・友達のいいところが言える人になろう。	・笑顔で話し合いを楽しめる人になろう。 ・理由比べの話し合いをします。 ・丁寧な説明を心がけましょう。 ・友達から学び合える話し合いにしよう。	・笑顔と拍手と握手で終わる話し合いにしよう。 ・反論し合うことで意見を成長させ合おう。 ・相手に伝わる根拠を丁寧に伝え合おう。 ・対話、話し合いは相手を好きになるためにします。
熟議的活動で	・みんなで意見や考えを出し合う楽しさを大切にしよう。 ・たくさん意見を出し合うことが大切です。 ・どの意見も花丸になるようにしよう。 ・協力して話し合うことが大切です。	・話し合うみんなが楽しくなる話し合いを目指します。 ・「いいね。いいね」を合言葉に意見をカケアイます。 ・みんなの頭を近づけて白熱しよう。 ・全員参加は話し合いの基本です。	・話し合いは、みんなのことをみんなで考え合うということです。 ・否定しないで成長させ合う話し合いをします。 ・ニューアイディアを生み出そう。 ・発言をつなげるのは傾聴し合っているからです。

スモールステップを踏みながら、「自由起立での発表は楽しい」という意欲を持たせることが大切。

第3章

一人も見捨てない！
12か月の授業づくりと言葉かけ

4月

1年間の成長を見通す

「考え続ける人」を育てる

現行の学習指導要領の大きな柱になっている「主体的・対話的で深い学び」（アクティブ・ラーニング）について、様々な教育書が店頭に並んでいます。私も講演や研修会で、どのように取り組めばいいのか、相談を受けることが少なくありません。

まず押さえておきたいのは、「アクティブ・ラーナーを育てる」という視点を持つことです。アクティブ・ラーニングは、アクティブ・ラーナーを育てるための手段にすぎません。

それでは、アクティブ・ラーナーとはいったいどのような人間を指すのでしょう。私は、「考え続ける人」だと考えています。考え続ける人とは、〈一人ひとりが自分らしさ（個性）を理解する→自分らしさの大切さを理解することで他者の〝らしさ〟の大切さも認めることができる→それぞれが自らの考えを出し合い、対話を通して何かをつくり上げていく・決めていく・変えていく〉ということです。

自分らしさを発揮し、様々な人と協力し合いながら物事をやり遂げることは、子どものみならず、大人になってもずっと重要なことです。つまり、教師には「子どもを育てる」視点ではなく、「人間を育てる」視点が必要なのです。一学期、１年間という短いスパンだけではなく、もっと長い目で子どもの成長を信じることが大切です。

そのためには、教師自身が、従来の「教師が知識を教える」という授業観を転換することが大きなポイントになります。

保育園・幼稚園の研修会に呼ばれる機会が増え、先生方と話していて、子どもたちに対する〝視点〟の違いに気付きました。小・中学校では「教える」、幼稚園・保育園では「育てる」ことがそれぞれ中心となっています。

しかし、そもそも「教育」とは「教え育む」こと。子どもが成長するうえで、どちらも大切な両輪なのです。これまで学校現場では、「教える」ために最も効率的な一斉指導が授業の中心を占めていました。

ところが、多様化する子どもたちを前に、従来型の指導だけでは立ちゆかなくなった現実があります。一律に指導する授業は、教師にとっての〝教えやすさ〟であり、子どもたちの〝学びやすさ〟と一致するわけではありません。子どもたちの学びを促すことこそが、今後、大切なのではないでしょうか。

年間を通した二つの柱

アクティブ・ラーナーを育てる学級づくりにおいては、1年後のゴール像を意識し、1年間の成長を見通すことが大切になります。

私の場合、「ほめて育てる」「コミュニケーション」という二つの柱を軸に1年間を見通した取り組みを行ってきました。

●ほめて育てる＝一人ひとりの成長を促す

①成長ノート
教師がテーマを与え、子どもたちにじっくりと考えさせる。教師が赤ペンで、ほめて認めて励ます内容の返事を入れる。一年生では、一学期の開始は難しいので、二学期からスタート。

②成長年表（写真①）
自分たちの成長の「見える化」を図る。年表には行事など非日常のできごとを2～3週間前に書き込む。できごとに価値語をプラスするのも効果的。少し前に書くことで、子どもたちの意欲づけになる。

③成長曲線（写真②）

③価値語

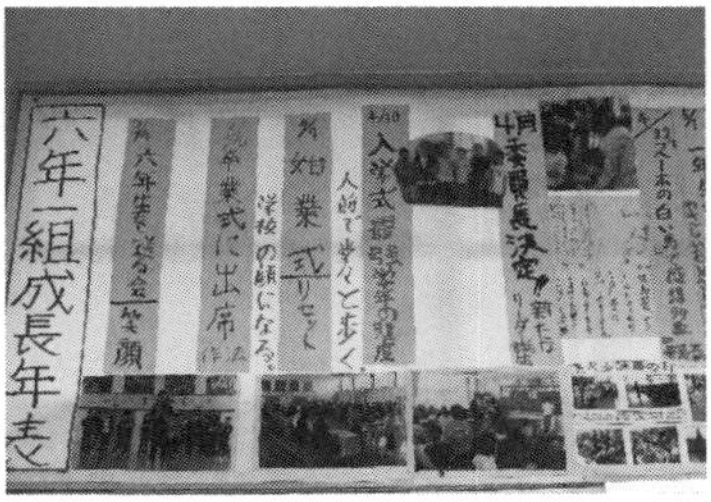

①成長年表

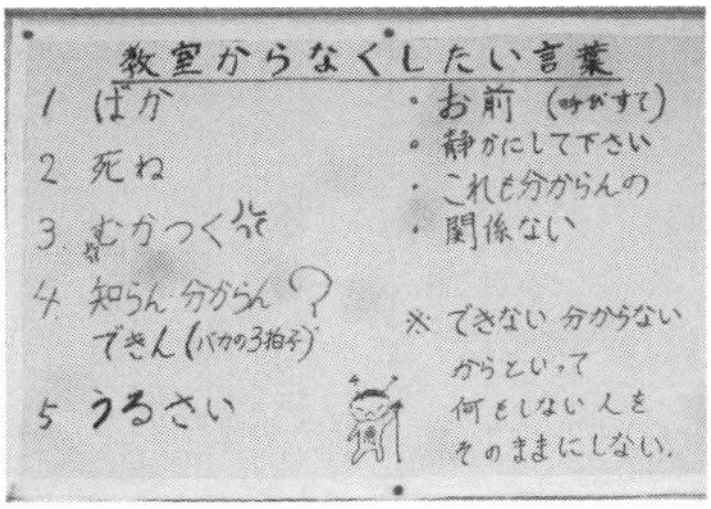

④四つの言葉アンケート

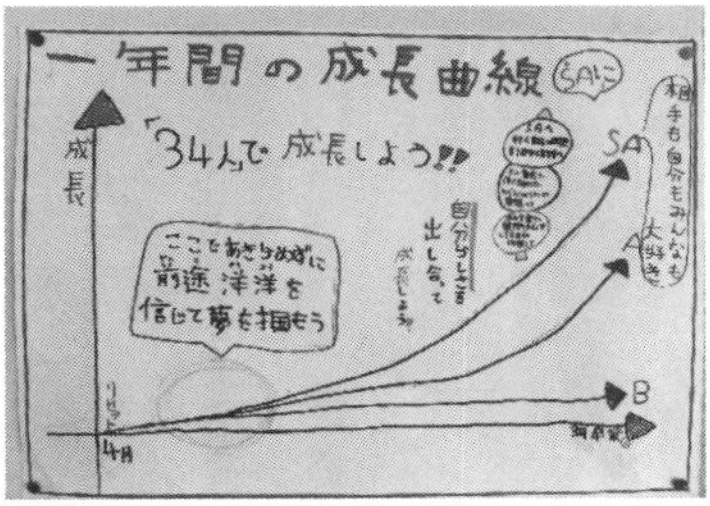

②成長曲線

ぐんぐん伸びるAの曲線と、成長しないBの直線をグラフにして、子どもたちに示す。

●コミュニケーション＝言葉を大切にする

④価値語（写真③）

考え方や行動をプラスに導く言葉を子

①教師と子ども、
子ども同士がつながる
②ほめて価値づける

成長を促す	言葉を大切にする
①成長ノート	④価値語
②成長年表	⑤四つの言葉アンケート
③成長曲線	⑥年間目標

どもたちに示す。黒板の左5分の1のスペースに書き込んでおくのも効果的。

⑤四つの言葉アンケート（写真④）

「○年○組からなくしたい言葉」「○年○組にあふれさせたい言葉」「1年後に言われたい言葉」「1年後に言われたくない言葉」について、子どもたちにアンケートを取り、結果を大きな紙に書いて教室に1年間掲示。これは、子どもたちが自ら考えた目標でもある。

⑥年間目標

・短期目標―成長年表
・中期目標―学期ごとの目標
・長期目標―1年間の目標

子どもたちと一緒につくることが大切。どのタイミングでつくればいいか、子どもたちをよく観察し、戦略的に進めることが必要。

それぞれの取組については、次項以降で紹介していきます。

4月の学級開き・授業開きのための言葉かけ

	低学年	中学年	高学年
①発信を促す言葉かけ	・先生に「先生あのね」でお話ししてね。 ・お友達と一緒に遊びたいことを言いましょう。 ・お家の方に学級の紹介文を書いて伝えよう。 ・みんなが仲よくなる遊びを考えよう。	・先生に、僕、私のことを紹介しよう。 ・学級みんなで仲よく遊ぶ計画を立てよう。 ・班の約束を決めて発表しよう。 ・お家の方に教室の様子を伝えよう。	・自分紹介カードをつくって友達と話そう。 ・学級のみんなと仲よくなるための遊びを考えよう。 ・委員会活動で新しいアイディアを考えよう。 ・クラブ活動がより楽しくなる取組を考えよう。
②議論を促す言葉かけ	・（簡単なテーマを与え）隣の友達とお話をしましょう。 ・楽しかったことを自由に友達とお話ししましょう。 ・自分の考えを決めて、その理由を書いて友達と話し合おう。 ・自由に立ち歩いてたくさんの友達と相談しよう。	・自分の考えの理由を箇条書きでたくさん書こう。 ・同じ考えの友達と話し合おう。 ・違う考えの友達と話し合おう。 ・自分と違う友達の考えに気付こう。	・「なぜ？」「例えば？」と考えながら話を聞こう。 ・「～と思います」をやめて、「～です」と言い切ろう。 ・理由を比べ合うことを楽しもう。 ・笑顔で話し合うことを大事にしよう。
③周囲の巻き込みを促す言葉かけ	・先生や友達と一緒に遊ぼう。 ・先生や友達にあいさつをたくさんしよう。 ・お店屋さん活動（係活動）を楽しもう。 ・仲よしの友達を増やそう。	・新しいアイディアを出して今までにない係を決めよう。 ・自分の得意なことができる係を考えよう。 ・みんなが楽しめる係ポスターをつくろう。 ・みんなが楽しめるミニ集会（10分程度）をしよう。	・自分もみんなも楽しめる会社活動（係活動）を決めよう。 ・会社活動のオリジナルポスターをつくろう。 ・みんなに呼びかける会社活動をしよう。 ・友達からの呼びかけに進んで参加しよう。
④価値づける言葉かけ	・あいさつや返事が自分からできますね。 ・自分から先生や友達に話しかけていますね。 ・自分の思ったことをお話しできていますね。 ・仲よくなろうと笑顔で生活していますね。	・自分から友達に関わろうとしていますね。 ・自分らしさをみんなに伝えようとしていますね。 ・新しい取組に挑戦していますね。 ・友達の意見や考えを取り入れようとしていますね。	・学級や学校全体のことも考えようとしていますね。 ・自分らしさを書いたり話したりできていますね。 ・友達のよさからも学ぼうとしていますね。 ・人との対話、話し合いを楽しんでいますね。

〈発信〉

〈議論〉

〈周囲を巻き込む〉

〈価値づける〉

5月

年度当初の授業づくり

「分かった子」だけが参加する授業

「菊池先生は、なぜ授業のときほめてくれるんですか？　僕は今まで授業中にほめられたことがありませんでした」

飛び込みで特別授業を行ったある小学校の六年生からこんな手紙をもらい、衝撃を受けました。子どもたちは一日の多くの時間を学校で過ごしています。その大半は授業です。一度もほめられたことがなかった6年間、この子はどんな気持ちで授業を受けていたのか。あらためてほめる指導の重要性について考えさせられました。

全国の様々な教室を見るなかで、とても気になることがあります。第一章でも書きましたが、学年を問わず、教室の空気が硬く動きが遅いのです。

低学年では、教室がざわざわしている雰囲気が目立ちますが、中・高学年では妙に静かで子どもたちに覇気が感じられません。ひどくなると、授業中に反抗したり茶化したりしてざわざわしている教室もあります。共通しているのは、〝学ぼうという雰囲気〟がないことです。

こうした現象は、知識や技能重視の〝悪しき一斉指導〟の弊害ではないかと考えています。教室にはいろいろな子どもがいるのに、一人ひとりが自分らしさを発揮できない。教室が安心して発揮できる場になっていない。教師と子ども、子ども同士がつながっていないため、みんなで学び合う楽しさや学びに対する期待を持てないのです。このような一斉指導ではたいがい、挙手で子どもを指名しています。分かる人・できた人・答えられる子が手を挙げ、教師が当てるわけです。これでは、分からない・できない子どもは授業に参加できません。教室の空気が重くなり、不満がたまっていきます。

一つの正解を答えるものではなく、全員に考えさせる指名が学級を活発にしていきます。「○○について私はどう考えるか」「自分にとって、一番印象に残った場面と理由は」という発問なら、様々な意見が出てくるでしょう。意見や理由は一人ひとり異なります。似たような意見だとしても、全く同じということはありません。このような発問のときは、「指名された列の子が全員答える」「挙手した全員が発表する」という指名を行うといいでしょう。このとき、教師は「自分の考えを発表するのだから、他の人と全く同じということはあり得ないですよね。たとえ一言でも違うはずだよねえ」と子どもたちを楽しく〝挑発〟するのも一手です。

挙手した子が発表する場合、通常であれば答えた子から着席し、発表する人数は減っていきます。しかし、自分の考えの発表であれば、他の子の意見を聞いて「私はこう思う」という子が出てきます。もちろん、そういう〝後出し〟も認めます。また、列ごとの発表のとき、自分の考えがまだまとまらず答えに詰まる子もいるでしょう。こうしたとき、「その子の代わりに予想して発表する」というお助けもありにします。発表する人数が減るのではなく増える、こんなやる気のある学級なら、「学ぶ楽しさ」を実感できるはずです。

友達と話し合う楽しさを体験させる

対話的な学びを促すための具体的な活動として〝代表格〟になっているのが、ペアやグループ学習です。しかし、その多くが機械的に隣同士や生活班などに振り分けているのではないでしょうか。

「隣の子となら、生活班でなら話しやすいだろう」という考えなのでしょうが、そこから新たな答えを発見させるのは難しいのではないでしょうか。新年度が始まって間もないこの時期は、学級の人間関係がまだ希薄で、能力差が顕著に出ます。話し合いの下地ができていないなかで、これらを考慮せずに、「話し合いをさせれば、新たな気付きが生まれる」と期待するのは、教師の独りよがりです。

この時期のペア、グループ学習は、話し合いの内容を深めることを目的にするよりも、人間関係づくりに力点を置き、知識や能力を問わない学習ゲームや単純な予想問題がいいでしょう。

例えば、１枚の写真を見て気付いたことを出し合います。ポイントは数を競うこと。みんなで出し合ったという点を評価しましょう。「一人で考えるよりも、みんなで意見を出し合ったほうがたくさん見つけられる。一緒に学ぶって楽しいなあ」と実感できる体験が大切なのです。

この時期は、人間関係はもちろん、学習や生活の規律もまだ浸透していません。授業中のおしゃべりや掃除の態度など、気にかかることがあるとつい注意をしてしまいがちです。

目的は、あくまでも望ましい態度を子どもたちに身に付けさせること。こうしたマイナスの行為を子どもたちにそのまま返すのではなく、プラスに目を向けて返すようにしましょう。例えば、おしゃべりをしている子は単に注意するのではなく、集中していた子を取り上げ、「○○さんは、発表している友達に体を向けて聞いていました。思いやりとやる気に満ちていますね」と価値づけてほめます。おしゃべりしていた子はもちろん、周りの子どもたちにも「やる気の姿勢」が伝わるはずです。このとき、黒板の左5分の1のスペースを使って、「やる気の姿勢」と価値語を書いておきましょ

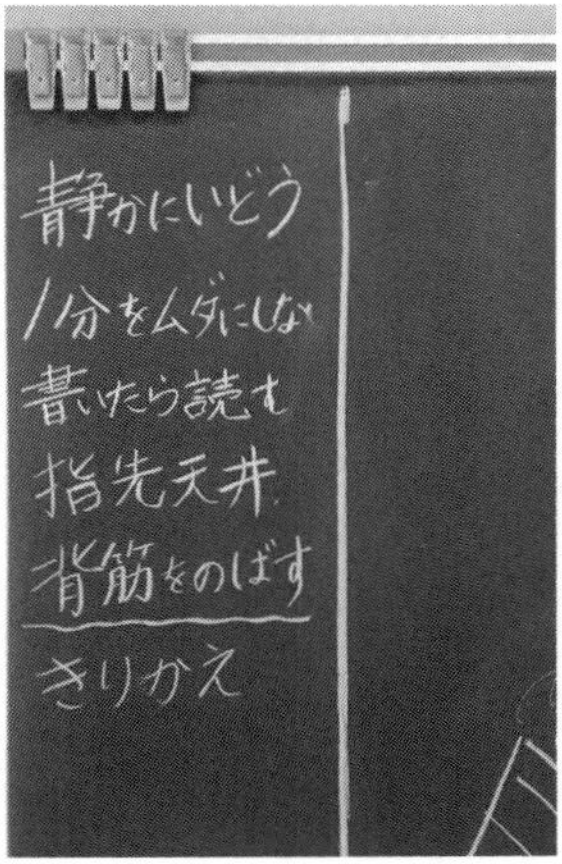

↑1/5黒板。子どもたちのいいところを見つけて、価値語を書き留めておく。望ましい行為が、子どもたちの目に自然にとまることになる。

う。価値ある行為がいつでも子どもたちの目に入るようにしておくのです。

新しい学級のスタート時期の授業では、子どもも教師も笑顔になれるよう心がけたいものです。

挙手した子どもを指名するときも、大きな手ぶりを交えて。一挙手一投足に子どもたちの視線が集まる。

年度当初の授業づくりに必要な言葉かけ

	低学年	中学年	高学年
①指名する際の言葉かけ	・お話をしたい人は立ちましょう。 ・1号車（列）の人は立ちましょう。 ・お隣と相談した人は立ちましょう。 ・手を挙げている人は立ちましょう。 ・先生に当てられた人（複数）は立ちなさい。	・この列の人は立ちましょう。その後に、どうしても言いたい人は立ちましょう。 ・手を挙げている人は全員立ちましょう。友達と同じ人は座ります。 ・（ノートに）少しでも書いている人は立ちましょう。 ・（ノートに）書いていなくても友達の発表を聞いて、ひらめいた人は立ちましょう。	・この列の人は立ちましょう。順番に発表します。 ・隣と相談して発表できるようになった人は立ちましょう。 ・（言えなくなった友達がいたら）代わりに予想して言える人はいますか？ ・今が自分の出番だと思う人はいますか？
②ペアやグループでの話し合いを促す言葉かけ	・お隣と 10 秒相談しましょう。 ・「お願いします」「ありがとうございました」と言いましょう。 ・笑顔で友達の話を聞きましょう。 ・絵や写真などを見て気付いたことを言いましょう。 ・おたずねしたいことを言いましょう。 ・友達のよいところを見つけましょう。	・ペアでたくさん理由を考えましょう。 ・友達のよいところにコメントしましょう。 ・3～5人の小さなグループになって話し合います。 ・1枚の絵や写真を見て気付いたことなどをたくさん出しましょう。 ・問題の解決方法をたくさん出しましょう。	・ペアで考えた理由のなかで1番の理由を言いましょう。 ・同じ立場の友達とグループをつくります。 ・たくさん見つけます。意見の質よりもたくさんの量を目指します。 ・（1枚の絵や写真を見て気付いたことなどを）5分間で 100 個見つけましょう。 ・友達からの意見は赤ペンで記入しましょう。
③黒板の5分の1に書く「価値語」	・切り替えスピード ・音を消す ・○○さんの笑顔 ◆基本的な学習規律を示す価値語 ◆活動の前後に書いて示す価値語 ◆子どもたちのよい行為を名前とともに書いてほめる	・正対する ・読む力 ・一人をつくらない ・口角を上げて話し合う ・一人ひとり違っていい ◆集団の学び合いを促す価値語 ◆学び合う手順を示す価値語 ◆子ども同士のつながりを促す価値語	・一人が美しい ・「自分らしさ」を発揮し合う ・出席者ではなく参加者になる ・ニューアイディアを出す ◆白熱する話し合いの手本を示す ◆人と意見の区別を意識させる価値語 ◆話し合いの質を高める手立てを示す価値語

〈指名する〉

〈ペアやグループでの話し合いを促す〉

〈価値語〉

6月

個への関わり方

美点凝視で子どもを見ていく

ゴールデンウィークが明けた頃から、学級の雰囲気が悪くなってくるという話をよく聞きます。新しい環境に慣れてきたところに連休が入り、子どもたちの気が緩むというのです。緊張の糸が切れてボロが出てくると、教師はついマイナスの部分に目が行きがちですが、新年度が始まって1か月です。子どもたちにとって、まだ教室は安心できる場所になりきっていません。大きく前進するときもあれば、後退するときもあって当然です。特にスタート時の成長曲線は、ほとんど変化が見られません。まずはそこを理解し、美点凝視の加点法で子どもたちを見ていくことが大切です。そうしなければ、ほめ言葉のシャワーはもちろん、その後のコミュニケーションを核とした対話的な学び合いが成立しなくなるからです。

ほめ言葉のシャワーや対話的な学び合いは、手法や技術のステップも必要ですが、何より大切なのは、教師が子どもたちを見る目です。子どもは関係性がよい人からほめられると、もっと成長したいと学習意欲も向上するそうですが、関係性が薄く、嫌いな人からほめられても意欲は向上しないそうです。担任が一人ひとりの子どもとしっかりつながって関係性を深めることで、ほめ言葉はより浸透していくのです。

「責任感はあるが消極的な子」をクローズアップ

学級の子どもたちは、①責任感があって積極的な子、②責任感はあるが消極的な子、③積極的だが無責任な子、④無責任で消極的な子、のおおよそ四つのカテゴリーに分かれます。5～6月の比率でいうと、1：6：2：1ぐらいでしょうか。①はもっと少ないかもしれません。

①タイプは、リーダーとして学級を引っ張っていく子どもたちです。しかし、昨今は目立つことをいやがり、②に近い状態でいる子も多いようです。②タイプは、教師の指示をきちんと受け止め、自分の役割をしっかり果たします。③タイプは、自ら立候補したものの、飽きて途中で投げ出してしまったり、その場のノリはいいのですが行動が伴わない。④タイプは学級にも教師にも興味を示さない子です。

③と④のタイプは合わせて3割程度ですが、この子たちが教室の雰囲気をつくってしまっていると言ってもいいでしょう。手をこまねいていると、②タイプの子も引きずられるようになります。そのため、担任の目も③④タイプの子に行きがちです。そしてその場合、目につくのはどう

〈５～６月の学級内の人数構成比（イメージ図）〉

①責任感があって積極的　②責任感はあるが消極的　③積極的だが無責任　④無責任で消極的

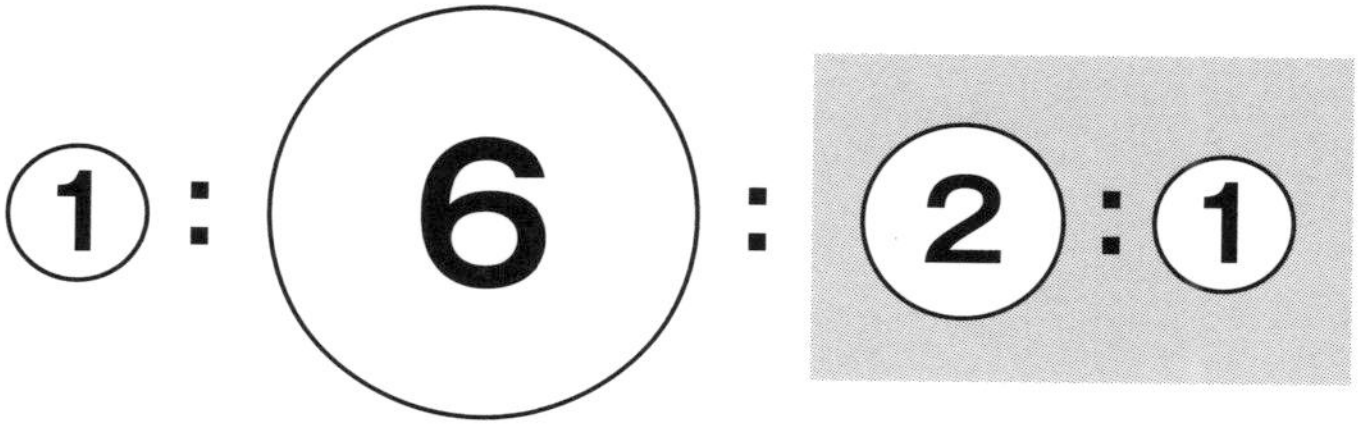

↑「いい子」として目立ちすぎるのをいやがる。残りの９割の子に引きずられがち。

↑５～６月には美点凝視でこの子たちを中心にほめるべき。

↑若手や、学級を崩壊させがちな担任は、■の３割の子どもたちに引きずられ、中間の６割の子の美点を見ることができない。

してもマイナス面になってしまいます。マイナスを正してプラス面にもっていこうとしても、教師との関係性が薄いこの時期には、あまりいい方向に向かわず、むしろ、子どもたちから反発されかねません。この時期は、マイナスの現象をとらえる短所接近法ではなく、プラス面を価値づける長所接近法の姿勢が必要です。

新年度のバタバタが落ち着いてきたら、担任は②タイプの子に目を向け、美点凝視で、よいところを価値づけてほめることに重点を置きましょう。

その際には、行為ばかりに目を向けてはいけません。進んで何かをする、真っ先に手を挙げる、みんなのことを考えた発言をするなどの望ましい現象だけをとらえると、消極的な子どものよさはなかなか見えてきません。もっと、子どもの内面を細かく見つめることが大切です。

特に「一人が美しい」という価値の視点で見れば、次のような行為がいくつも見つけられるはずです。

・掃除がすんだら、ごみをきちんと捨てて戻ってくる
・教室を移動するとき、静かに並んでいる
・誰かが話しているとき、耳を傾けしっかり聞き取ろうとする
・漢字練習の宿題を、最初から最後まで丁寧に書いている
・「感想を3行書きなさい」と指示を出せば、ちゃんと3行書く

ちょっと挙げただけでも、これだけ出てきます。教師がこのような姿を見せている子を大きく取り上げ、価値づけてほめます。いいところを学級全員に伝えて、望ましい行為や価値を広げていくのです。

教師がほめたあと、「今日のAさんのこういうところをどう思うか」というように、成長ノートにも書かせると、学級の子どもたちにより意識させることができるでしょう。

全体に「一人が美しい」という価値が伝われば、他の子どもたちも取り組んでみようという気持ちになります。特に、②タイプの子はまじめに取り組みます。そこでまた教師がほめるのです。このようなことを繰り返していくと、少しずつ自分に自信を持ち、積極的になってくる子どもが増えていきます。つまり、①タイプの責任感があって積極的な子になっていくわけで

す。全体の6割の子が①タイプになっていけば、学級全体に前向きの空気が生まれます。もはや③④タイプの子の雰囲気に飲み込まれることはありませんし、やがて③④タイプの子も①や②を目指すようになっていきます。

1年間を見通し、子どもたちと焦らずに関係性を深めていきましょう。

ユーモアを交えた受け返しで、子どもたちの緊張を解くことも大切になる。

そのリアクションいいねえ！
!
ピタ
君がこのクラスのリアクション・リーダーだ！

一人ひとりを認めて伸ばす言葉かけ

	低学年	中学年	高学年
美点凝視の言葉かけ	・頑張っているね。 ・それでいいんだよ。 ・さすがだね。ありがとう。 ・そこがあなたのいいところだね。 ・先生、あなたのそこが好き。 ・それもあなたのいいところだね。 ・前よりもそこがよくなったね。 ・それをしていたらもっとよくなるよ。 ・もう自信を持って大丈夫。 ・あなたのそのよさは、みんなにも伝わっているよ。 ・それって○年生のお手本だね。	・～しているね。さすが。ありがとう。 ・その調子で大丈夫。 ・自分らしさが出ているね。 ・みんなのために役立つことだね。 ・あなたのよさが、教室のなかに広がっていますよ。 ・あなたのよさをみんなにも伝えたいなぁ。 ・それができる人は、この学級にはあまりいませんよ。 ・笑顔とやる気が出てきましたね。 ・こつこつ努力するあなたはクラスの宝物ですよ。 ・リーダーらしくなってきています。	・その姿が「一人が美しい」ですね。 ・自分の殻を破ろうとしていますね。 ・以前よりも声も大きくなりましたね。やる気が分かります。 ・あなたらしさのあるその行動が正しいのです。 ・自分らしさを発揮してきましたね。 ・その行為は、公にふさわしいですね。 ・表情が明るくなってきましたね。 ・当たり前のことを当たり前にできる人が偉いのです。 ・マイナスの空気に流されないあなたの心の強さが素晴らしい。
成長ノートに書き込んで返す言葉	・丁寧に書けていますよ。 ・時間いっぱい書いていたね。 ・たくさん書こうとしているところが素晴らしい。 ・あなたらしさがあふれています。 ・あなたの書く素直な言葉が先生は大好きです。 ・先生からの返事もきちんと読んでくれてるね。 ・「自分は、…」といつも考えて書いているね。 ・自分が書いたことを実行しようとしています。 ・何が正しいか、何をすべきかを考えていますね。 ・成長ノートはあなたの宝物になっていますね。 ・次も楽しみです。	・これは、あなたにしか書けないことです。 ・成長しようという気持ちが伝わってくる文章です。 ・この内容には、あなたらしさがあふれています。 ・この考え方でいいと思います。先生も賛成です。 ・先生と一緒に考えていきましょうね。 ・「書いたら実行」を心がけていますね。 ・あなたの成長曲線が上がっていますよ。 ・書くことを通して、テーマについて考え続けていますね。 ・あなたのこの考えをみんなにも伝えよう。	・文章からも「公に強い人になろう」というあなたの気持ちが伝わります。 ・「三つあります」の構成で、自分らしさを丁寧に書けています。 ・自分のことだけではなく、学級全体のことも考えていますね。 ・自分の書いたことに責任を持っていますね。 ・学級みんなと成長したいというあなたの気持ちがうれしいです。 ・テーマに正対して考え続ける態度に感心しています。 ・不可視の価値も大切にしようとしているところがあなたのよさですね。 ・価値語が自分のものになっているから、このように書けるのですね。

7/8月

集団への関わりを促す

二学期に加速する集団づくりへ

新年度を迎えてすぐ、「仲間づくり」や「学級みんな」といった言葉を目標のキーワードに掲げる担任は少なくありません。間違っているわけではありませんが、一学期にその達成を見込むのは時期尚早です。

一学期は、教師が一人ひとりの子どもとつながり、安心できる教室づくりを目指してきたと思いますが、子どもたち自身もまだ自分のことでいっぱいいっぱいで、他の子どもに目を向ける余裕はありません。せいぜい仲のいい数人の友達に目を向けるくらいが精一杯でしょう。

5月に運動会を実施する学校も多いでしょうが、その時期は、クラスが一丸となるよりも、自分の勝利にこだわる子どものほうが圧倒的に多かったはずです。昨今、仲間同士の深い関わりを経験していない子どもたちにとっては、当たり前のことです。

一学期の終わりのこの時期、子どもたちはようやく集団を意識した活動に目を向けることができるようになるのです。とはいえ、結果を急いではいけません。6〜7月は、二学期に加速する集団活動へ向かうためのいわば〝準備〟のときだと考えるといいでしょう。

集団を意識するためのキーワードは「成長」です。「成長」はもちろん、一人ひとりの目標なのですが、これからは自分だけでなく、「学級全体で成長しよう！」と子どもたちに意識づけていくことが大きなポイントになります。

そこで、集団に目を向ける意識づけのために必要な三つの取組を紹介しましょう。

①価値語

私が考えた価値語が生まれたもともとの背景には、教室という公の場にふさわしい学びの規律を示す意味合いがありました。それが徐々に進化し、子どもたちの成長全般に広がっていったのです。ですから、4月からこの時期まで子どもたちに示す価値語は、主に個を意識して、規律の遵守を促す言葉に重点を置いていました。例えば、授業中の態度については「やる気の姿勢」など、学びにふさわしい行いを示す〝父性的〟な価値語に力点を置いたものです。

一人ひとりとのつながりが深まる二学期の終わりは、個人から集団へと意識を向けることを促す価値語を意識していくことが大切です。

例えば、授業中に対話を成立させるための第一歩を踏み出す価値語として「正対し合う」「一人をつくらない」などが挙げられるでしょう。望ましい行為が見られた子どもを価値づけてほめ、黒板の左端5分の1のスペースに価値語を記していきます。それができた他の子もほめる点は、これまでと同じです。

さらに、この時期にこそ、「叱る」ことの意味を示します。生活場面や授業場面において、どのようなことがいいのか、だめなのか、ほめることと同じように叱ることの大切さをしっかり説明し、子どもたちに浸透させていくことが大切です。集団ができつつある時期だからこそ、学級全体で考える必要があるのです。

②成長年表

成長年表（105ページ写真）は、学級全体の行事や取組など、主に非日常の活動を教師が選んで書き出します。

日付と活動内容を書き、価値語を加えた短冊を教室後方に貼り出していきます。活動を終えるごとに写真を付け加えてもいいでしょう。

（例）

4／5　5年1組誕生〈リセット〉（←価値語）

4／20　第1回授業参観〈変わる〉

6／10　社会科見学〈公の世界〉

価値語は、子どもたちの様子を見ながら示していきますから、当然、学年や学級によって変わります。例えば、ある年の五年生の運動会の価値語は「一人で素早く全力で」、他の年の六年生では「範を示す」でした。

行事の2週間ほど前に貼り出すので、子どもたちのやる気を引き出すもとにもなります。年表の内容を見て、「過去はこんなことをしてきたんだ。今は空白の部分も、これから埋まっていくんだな」と、今後の成長への期待につながっていきます。少しずつ増えていく成長年表は、まさに〝動きがある教室の可視化〟といってもいいでしょう。

③学級目標

学級目標には、短期、中期、長期の三つがあります。短期目標は、成長年表の一つひとつの取組に当たります。中期目標は学期ごとの目標で、長期目標は1年間の学級目標です。

学級目標は4月に教師が示し、教室の前に貼り出されることも多いかと思いますが、実際は貼り出されたまま形骸化してしまうことも少なくありません。なぜなら子ども自身が、いや教師自身でさえ、自分自身の目標だととらえていない場合が多いからです。

学級目標は、集団としてのゴールを示すものです。そのため、学期ごとにどのような成長を目指すのかを決めるのが中期目標です。子どもたちに大局を示すことができるのは、早くても集団を意識し始める5～6月になってからです。その時期に、子どもたちと一緒に考えていく姿勢が大切です。

長期目標は、学年で統一したり、教師が一方的に決めたりするものではないはずです。

集団への関わりを促す言葉かけ

	低学年	中学年	高学年
①価値語	・「ねぇねぇ、一緒にしよう・うん、いいよ」 ・〇〇チャンピオン ・〇〇ちゃんらしさ ・おへそを向け合う ・ありがとう大作戦 ・えがお教室 ・成長を出し合う	・一人をつくらない ・「2・6・2」の上の２へ ・一人も見捨てない ・違いを楽しもう ・「聞き合う」がキーステーション ・下品と元気の違い ・ほめ合う達人 ・加速する成長曲線	・教室は家族です ・群れから集団へ ・自分らしさを発揮し合う ・SA（スーパーエー）のその先へ ・〇〇さんの考えを予想する ・ありがとう１日39回（サンキュー）
②成長年表	・成長を見せよう（授業参観） ・笑顔で盛り上がる（学級集会） ・あまえない（全校集会） ・聞き合って拍手（学級学習発表会） ・友達の工夫発見のプロ（生活科発表会） ・切り替えスピード（水泳学習） ・上級生に安心を（終業式） ・笑顔夏休み（夏休み） ・レベルアップ（二学期始業式）	・〇人（学級人数）の力を示す（授業参観） ・出席者ではなく参加者に（学級集会） ・上級生に挑む（全校集会） ・友達の努力を読む（学級学習発表会） ・克己心（水泳学習） ・若竹のように真っ直ぐに（終業式） ・自分らしさの再発見（夏休み） ・リセット＆スタート（二学期始業式）	・凛とした空気を出す（授業参観） ・場を支配する力（学級集会） ・範を示す（全校集会） ・学び合える集団（学級学習発表会） ・挑戦する姿の美しさ（水泳学習） ・微動だにしない（終業式） ・個と集団の確立へ（二学期始業式）
③学級目標（長期・中期目標） ※短期目標は成長年表	**〈学級目標・長期目標〉** ・笑顔いっぱいの〇人の教室 ・「いいよ」「ありがとう」があふれる〇人の教室 ・友達との学習を大切にし合う〇人の学級 **〈学期目標・中期目標〉** ・笑顔で聞き合おう（一学期） ・拍手をあふれさせよう（二学期） ・おうえんしながら聞き合おう（三学期）	**〈学級目標・長期目標〉** ・友達と一緒に学び合う〇人の教室 ・温かい言葉があふれる〇人の学級 ・聞き合うコミュニケーションを大事にし合う〇人の学級 **〈学期目標・中期目標〉** ・正対して聞き合おう（一学期） ・「聞く」を「聴く」にしよう（二学期） ・「学び合い」は「寄り添い合い」（三学期）	**〈学級目標・長期目標〉** ・「成長したね」「ありがとう」と言われる〇人の学級 ・価値ある言葉を大切にし合う〇人の学級 **〈学期目標・中期目標〉** ・対話から新発見をしよう（一学期） ・白熱する話し合いを楽しめる〇人の学級（二学期） ・考え続ける楽しさを楽しもう（三学期）

9月

「気になる子」への関わり方

二学期のスタートは五つの視点で

二学期のスタートが目の前に迫るこの時期になると、「二学期の指導が心配だ」「学級が荒れない手立てを教えてほしい」という声を多く聞きます。子ども同士の小さなトラブルや、一学期に「気になる子」への指導がうまくいかなかった等の心配の種がある場合、不安が膨らんでしまうのでしょう。そのままにしておくと、中盤になって本格的な〝荒れ〟につながることもあります。

「気になる子」への対応は、二学期当初に次の五つのステップを立てて指導をしていくことが大切です。

①布石を打っておく
②1：多を多：1にする
③教師が注意したい・言いたいことを子どもたちが言うようにもっていく
④学級全員が、「気になる子」の成長を信じている、という空気をつくる
⑤「気になる子」の成長をほめる

五つのステップを具体的に説明します。

①については、あらためて教師が「叱る」「ほめる」基準を子どもたちに示します。基準を示すことで、「こういうときには先生が叱る」と共通理解を持たせることができます。また、口頭で話すだけではなく可視化したほうがいいでしょう。例えば教師がいいな、と思った場面の写真に価値語を添えて、教室の後ろに貼り出すのです。すでに一学期から実践しているのであれば、一学期のいい場面をみんなで振り返りながら、二学期にもいいところを見つけて貼り出すことを話しておきます。子どもたちの動機づけにもつながるはずです。

②では、問題を起こした子どもと真正面からぶつかるのではなく、少し引いた視点で接する必要があります。感情的になって教師が叱り飛ばしても、子どもたちは反発するだけです。他の子どもたちを巻き込み、さらに反発させる流れにもなりかねません。多数の子どもたちが〝敵〟に回ると、負の力関係がつくられていきます。そうならないためにも他の子どもたちを教師側につけ、1（教師）：多（子どもたち）を、多（教師＋子どもたち）：1（問題を起こした子）にもっていくことが重要です。例えばA君が問題を起こしたとき、A君を直接叱るのではなく、学級全員に「今のA君の行為について、『大変素晴らしい』か『やめてほしい』か、みんなはどう感じますか？」と一人ひとりに考えさせるのです。全員が「やめてほしい」と答えることで、「みんなもA君のしたことはよくないことだと思っている」と可視化することになります。

次に、③につなげます。「やめてほしい」に手を挙げた何人かに、その理由を尋ねるのです。理由を聞いたA君は「まずい！」と思うでしょう。教師ではなく、子どもから理由を話すようにするほうが効果的です。その際、A君にも周りの子どもたちにもしこりが残らないようにすることが必要です。

④では、いよいよ教師の出番です。「すぐには変わらないかもしれないけれど、これからのA君を信じることができる人？」と再度尋ねます。このとき、教師は「先生は信じているよ」と毅然とした態度で示すことが重要です。「すぐには変わらないかもしれないけれど」と話すことで、A君にも心に余裕が生まれます。

その後、A君が少しずつ改善してきたところで、⑤のように教師が「以前こういうことがあったけれど、みんなの期待を受けてA君はこう変わったね」と具体的にほめます。成長ノートなどで個別にほめる方法もありますが、「A君が変わるのを期待している」思いをみんなで共有したのですから、みんなの前でほめるほうがいいでしょう。

「気になる子」を一面だけで見ない

そもそも、担任にとって「気になる子」とはどのような子どもを指しているのでしょうか。

教師に対して反抗的な態度をとり、無視する、あるいは無関心な態度を示し、教師の指示に従わない……さしずめ、こんな子が担任にとっては、「気になる子」でしょうか。

集団になじまない子どもについて、ともすれば担任は授業や行事の場面のみに目を向けているのではないでしょうか。一日の学校生活で見てみると、授業以外にも給食や掃除、休み時間など集団で関わる時間は多々あります。特に休み時間は子どもたちが自由に関わり合う時間です。ここで他の子たちと一緒に遊べているのであれば、「集団活動ができない」と目くじらを立てなくてもいいのではないでしょうか。授業も行事も大切ですが、遊びも同じくらい大切です。少し見方を変え、授業だけでなく日常生活全般から、その子の価値を見出す視点も必要です。

一方、勉強がよくでき、教師の指示に素直に従う子については、担任は好ましい子だと問題視しないでしょう。しかし、そういう子どものなかには、〝よい子〟を演じている、あるいは背伸びしている子どももいます。勉強ばかりに目を向けていると、例えばインターネット上など裏でコソコソとよくないことをしていても気付きません。また、今の時点ではまじめで問題がないように見えても、何かをきっかけにマイナスの方向に向かうこともあります。体も心も発達の過渡期にある子どもは、それほど不安定なのです。

教師は一面ばかりに目を向けず、もっと広い視野で子どもを見ることが大切です。

「気になる子」と学級集団をつなぐ言葉かけ

	低学年	中学年	高学年
生活面	・どうしたの？（「どうした」ではない） ・先生に話してくれる？ ・先生と一緒に考えようか？ ・教室は家族みたいなものです。困っている友達がいたらみんなで助けてあげよう。 ・〇〇さんの気持ちが分かる人いますか？ ・困っている〇〇さんの気持ちが分かる友達がいるこのクラスが大好きです。 ・〇〇さんは、〜〜と思っているみたいですよ。	・〇〇くん、どうしたの？ ・君の気持ち分かるよ。 ・先生と一緒に考えようか？ ・教室は家族です。みんなが安心して生活できる場所です。 ・いろんな友達がいるから、いろんなことが学べるんだね。 ・〇〇くんの気持ちを想像して言える人いますか。想像は、思いやりの力ですね。 ・みんなのことをみんなで考え合う教室は素晴らしいですね。 ・〇〇くんは、〜〜したいと思っているんだね。みんなはどう思いますか？	・〇〇さん、どうしたの？ ・つらかったんだね。あなたの気持ち分かりますよ。 ・教室は家族です。困っている人がいたらみんなで心配して考えます。お家でもそうでしょ？ ・一人ひとりによさがあるのです。〇〇さんのよさは、〜〜なところですね。 ・〇〇さんの今の気持ちが分かりますか。それが分かる友達になろう。 ・学級全体も考えられるSA（スーパーエー）になろう。 ・一人も見捨てない学級を目指すのです。
学習面	・昨日より頑張っていますよ。 ・友達のほうを向いて聞いています。優しいね。 ・〇〇さんが、今、〜〜しました。素敵でしょ？ ・〜〜を頑張った〇〇さんに拍手。 ・〇〇さんがつぶやいたことを言える人いますか？ ・話し合いは、一人の友達をつくりません。 ・「一緒にしよう」「いいよ」が言える自分になろうね。 ・自分から友達のところに行って話をしましょう。	・前よりも〜〜がよくなってきたね。 ・友達の話をうなずいて聞いていました。思いやりです。 ・〇〇くんが笑顔になるような拍手をしよう。 ・（発言できずに黙ったままの）〇〇くんの考えていることを予想できる人？ ・◇◇さんは、〇〇くんに寄り添って学び合っています。 ・一人の人をつくらない話し合いをしよう。 ・仲のいい友達とばかり話をしません。 ・一人も見捨てない学びをするのです。	・〇〇さんの〜〜の成長がうれしいです。 ・パッと相手に体を向けて話し合おうとしました。相手を大切にしていますね。 ・間違えたり言えなかったりした友達をフォローできる教室になろう。 ・〇〇さんに寄り添って学び合う◇◇さんの温かい距離感が素敵です。 ・口角を上げて笑顔で誰とでも話し合います。 ・「教える者は二度学ぶ」という言葉があります。一人も見捨てません。

10月

特別活動を重視しよう

特別活動はすべての基礎になる

子どもたちの関係が深まる二学期は、係活動や児童会、学習発表会など様々な活動や行事と絡み合いながら学級文化ができあがってくる時期です。学級文化の基礎をつくるうえで大きな役割を果たすのが特別活動です。現行の学習指導要領でも、「人間関係形成」「社会参画」「自己実現」の三つの視点から、その充実がより重視されています。特別活動は、国語、算数等の教科・領域で育てた能力を総合的に活かせる領域なのです。

「他者と議論・対話する」「他者に提案する」「他者を巻き込む」という三つの体験がアクティブ・ラーニングの要だととらえると、そうした力は特別活動や生活科、総合的な学習の時間のほうがその他の教科・領域より発揮しやすく、なかでも特別活動において最も発揮しやすいのではないでしょうか。特別活動は、すべての基礎になる重要な活動です（132ページ図1）。各教科の枠やアクティブ・ラーニングの技法にこだわると、子どもたちの活動は狭くなります。教室がダイナミックになればなるほど、各教科の枠を超え、特別活動や総合的な学習の時間に飛び出していくはずです。一人ひとりが自分らしさに気付き、自分らしさを発揮する場として、特別活動をとらえる視点が大切です。

日常生活における三つの取組

このような視点から、私が日常生活のなかで重点を置いてきた**①係活動、②朝の会、③帰りの会**における取組をお話ししましょう。この三つの取組は、本来子どもたちの個性が最も輝く教育の場面のはずなのに、残念ながら教師が統率していることが多いようです。

① 係活動

多くの教室で係の名称が掲示されていますが、なかには首をかしげるものも少なくありません。「黒板消し係」「プリント配り係」……「係活動」と「当番」を混同している教師がいます。係活動は、学級のために役立つ仕事を自分で見つける活動のはずです。当番のような係を割り当てられても、そこに子どもらしさは発揮されません。どうも「係」という名称がよくないようです。例えば「成長活動」とでも呼べば、分かりやすいのではないでしょうか。低学年なら、「お店屋さん活動」、中学年は「○○会社」、高学年は「○○サークル」「○○同好会」でもいいですね。

係活動は、学級に役立つ仕事を一人ひとりが考え、実行するものです。例えば、A君は1年間

図1　学級づくりにおける
各教科・領域の関連イメージ

それ以外の
各教科
国語
道徳
特別活動

図2　質問タイムにおける
「個」の成長イメージ

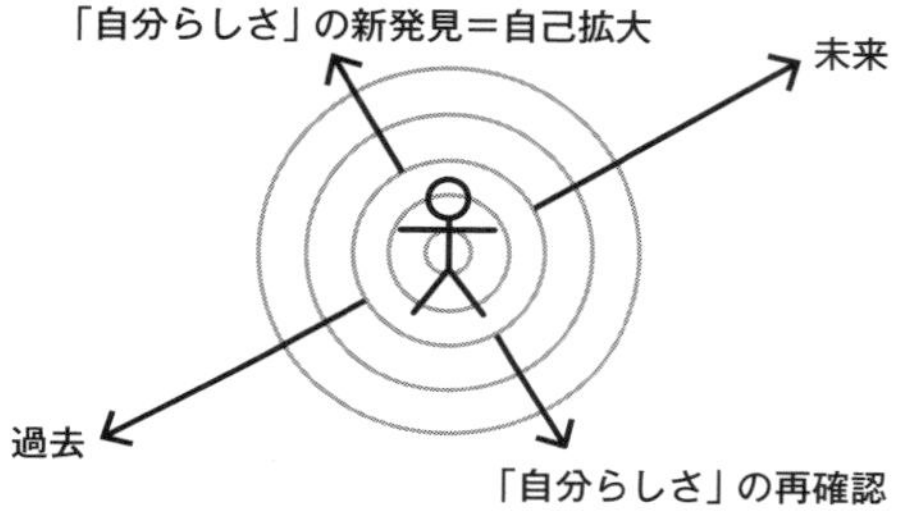
「自分らしさ」の新発見＝自己拡大
未来
過去
「自分らしさ」の再確認

ずっと生き物係を担当しました。彼はこだわりの強い子で、トカゲに執着していたことから、前年までは「変わった子」というレッテルが貼られていました。生き物係になったA君は、トカゲの特徴や飼い方を一生懸命紹介したり、いろいろな生き物についてのクイズを出しました。するとみんなも自然にA君を理解し、受け入れていきました。また、ある女子グループはダンス係になり、学級全体を巻き込んでダンスバトル集会を開催しました。最初は恥ずかしがっていた子も少しずつ参加し、休み時間になると音楽に合わせて踊る姿が見られました。

係は自分で決める活動ですから、一人でもかまいません。イベントなど人手がいるときは、他の子が〝ヘルプ〟や〝アルバイト〟で自由に手伝えばいいのです。子どもたちはどんどん積極的に係活動に関わるようになりました。

「係活動」という名称を変え、先述した「対話」「提案」「巻き込む」の三つの視点をよりどころに、子どもたちと一緒につくっていくことが重要です。

②朝の会

朝の時間に漢字や計算問題、読書などに取り組む学級も多いようですが、せっかくの一日の始まりです。子どもたちがお互いを知ることのできる温かい時間でスタートしましょう。「質問タイム」「成長タイム」という時間を設け、クラス全員が一人の子に一つずつ質問をするのです。質問を受ける子は、帰りの会で「ほめ言葉のシャワー」を浴びる子にします。つまり、その日は朝から帰るまで、その子が主役になるのです。

最初は、〈質問→答える〉が繰り返せるよう、「アニメは好きですか？」「ラーメンとカレー、どちらが好きですか？」など、答えやすい質問から始めていきましょう。慣れてきたら、その子の趣味や得意なことについて質問させていくといいでしょう。毎日繰り返すことで、やがて子どもたちはその子の内面に触れていくようになっていきます。「Bさんはこういうところが成長したと思いますが、これからどんなことをしたいと思っていますか？」など、過去のBさんとつなげて尋ねてくる子も出てきます。その子の過去と未来を共有し、その子らしさの輪を広げる時間になっていくのです（前ページ図２）。

③帰りの会

「ほめ言葉のシャワー」で一日を気持ちよく締めくくりましょう。その日の主役をほめる視点は、一人ひとり違います。教師はそこをしっかりととらえ、フィードバックして認める姿勢が大切です。そうしていけば、マンネリ化することはありません。

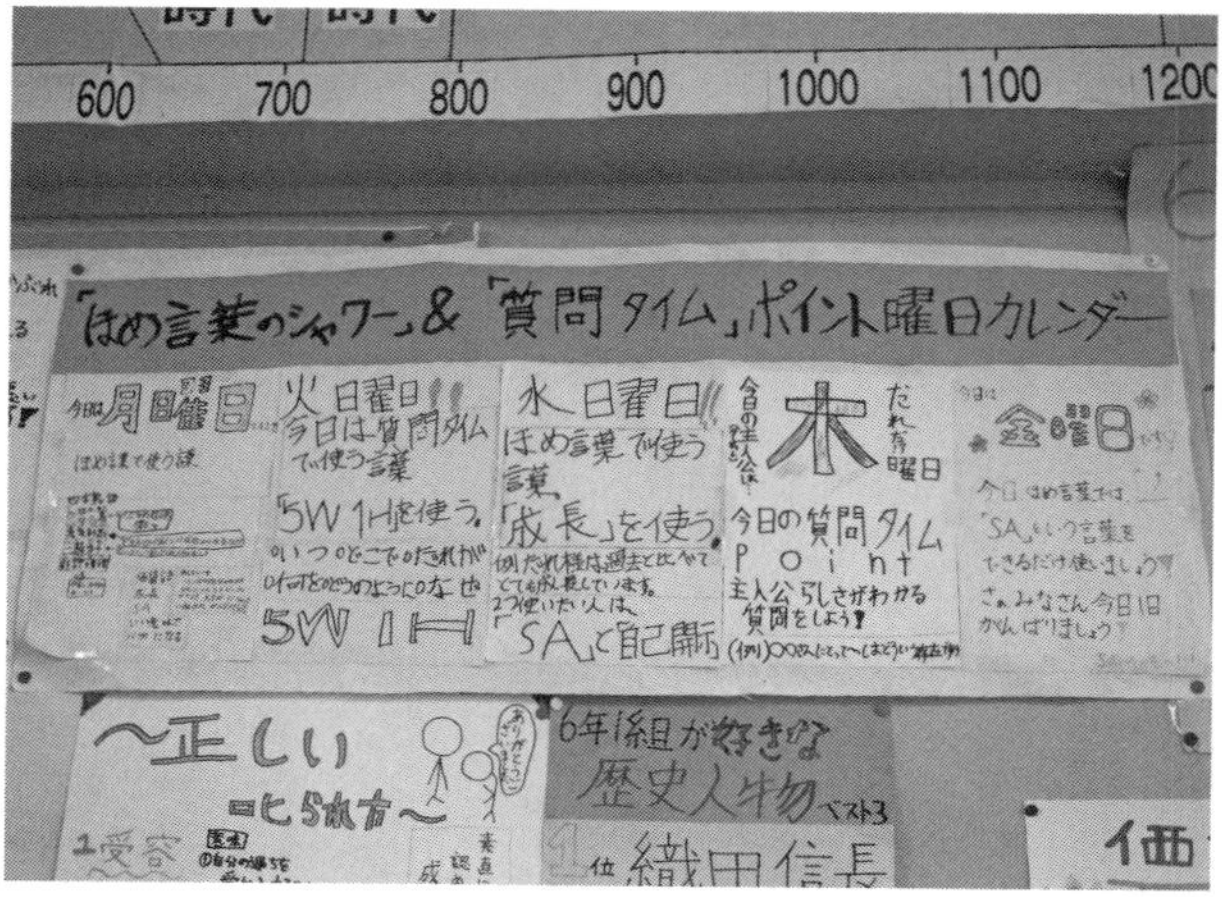

600
700
800
900
1000
1100
「ほめ言葉のシャワー」&「質問タイム」ポイント曜日カレンダー
6年1組が好きな
歴史人物
織田信長

菊池学級に貼り出された掲示物には、子どもたちの主体性があふれている。

一人ひとりが違っていて当たり前です
意見が違ってもいいんだよね

一人ひとりの「自分らしさ」を広げる言葉かけ

	低学年	中学年	高学年
係活動・成長活動	【お店屋さん活動】 ・楽しい活動にしましょう。 ・言葉のキャッチボールは楽しいね。 ・自分のしたいことをしよう。 ・○○さんの好きなことをみんなに知ってもらおう。 ・みんなも喜ぶお店屋さん活動をしよう。 ・友達のお店屋さん活動に笑顔で参加しよう。	【会社活動】 ・自分もみんなも楽しい活動にしよう。 ・自分らしい活動を楽しもう。 ・自分らしさを伸ばし合って成長しよう。 ・みんなのためになる活動で会社のよさをアピールしよう。 ・他の会社とも仲よく盛り上がる活動にしよう。	【サークル・同好会活動】 ・自分も学級も成長し合う活動にしよう。 ・自分らしさを拡大したり、新しく発見したりできる活動を楽しもう。 ・活動の話し合いでは、対話や議論を積極的にしよう。 ・学級（学校）に提案できる活動をしよう。 ・みんなを巻き込んで成長を実感できる活動をしよう。
朝の成長タイム・質問タイム	・おたずねごっこを楽しみましょう。 ・おたずねし合うことは楽しいね。 ・笑顔で話したり聞いたりすることって素敵ですね。 ・友達のことをたくさん知ることができてうれしいね。 ・友達に自分のことを知ってもらえるのもうれしいことだね。	・言葉のキャッチボールを楽しもう。 ・質問することって大切ですね。 ・みんなで理解し合うから、仲間として伸び合うことができるんだね。 ・友達のいろんな面を理解し合うことは素敵なことですね。 ・言葉を交わし合うからお互いのことを分かり合えるんだね。	・言葉で理解し合う楽しさを大切にしよう。 ・質問力は、対話力ですね。 ・どんな質問が、相手のよさやその新発見につながるかを考えよう。 ・こうやって理解し合うと関係性が温かくなるから、集団も成長していくんだね。 ・友達と理解し合えるから自信も安心感も生まれてくるんですね。 ・言葉の力を考えてみよう。
帰りのあったかタイム・ほめ言葉のシャワー	・友達のいいところをたくさん見つけよう。 ・見つけることができる優しさがあるんだね。 ・笑顔でいいとこ見つけ合いは輝いています。 ・みんなと違う言葉でほめることができたね。 ・教室のなかに、大切にしたいことがどんどん増えてくるね。 ・ほめ合うとみんな気持ちよくなるね。	・シャワーのようにみんなでほめ合おうね。 ・観察する力が伸びたところが、○○さんの成長したところですね。 ・価値語を使ってほめることができるって素敵ですね。 ・世界のなかで僕、私だけが見つけた○○くんのいいところですね。 ・友達のよさを知り合うと温かい教室になるね。	・一人ひとりをみんなで成長させ合う学級になろう。 ・具体的に言える観察力が素晴らしい。 ・新しい価値語が生まれましたね。 ・見つけたよいところは、見つけたあなたらしさの表れでもありますね。 ・美点凝視し合ってできてきたこの温かいつながりは、学級の宝物ですね。

11月

二学期後半の授業づくり

あれども見えず、求めるもの

二学期半ばを越えたこの時期、学級づくりと授業は並行して成熟してきます。そして子どもの学び方にも、その子らしさが表れてきます。

納得解をテーマにした話し合いをもっと充実させるためにはどうすればいいか、と聞かれることがよくあります。正解がないテーマで子どもたちが積極的に意見を交わす姿が、主体的・対話的で深い学びの象徴だととらえられているためだと思います。確かに、絶対解の話し合いの場合、一人ひとり自分の考えを発表させておしまい、という指導になりがちです。しかし、本当に話し合いが活発な学級では、絶対解でも納得解と同じように意欲的に意見を交わしています。

時間数を気にして十分な話し合いができない、という悩みも聞きますが、そこは担任の判断が問われるところでしょう。少ない時間では、話し合いの中心になる子は限られてしまいます。反対に、十分に時間をかけると、少人数での話し合いも活発になり、普段は目立たない子にもスポットライトが当たるときがあります。そこでの頑張りによって、その子は強い学び手に育っていくのです。今、取り組んでいる話し合いを単に国語の授業だととらえるのか、学級づくりのステップアップの場面でもあるととらえるのかによって、子どもの育ちは違ってきます。

納得解の場合、答えは話し合いの先にあります。「あれども見えず、求めるもの」――それが、納得解の一つのゴールなのです。様々な意見を聞いた話し合いを通して自分自身の心のなかで問いかけ、最終的に各自が答えを見つけていくのです。どのように「見えず」をとらえるかで抽象度が高くなっていきます。教師が現象としての納得解にだけ目を向けていても、深く豊かな話し合いにはなりません。

その子らしさが活きるノート指導を

深く豊かな話し合いの軸になるのが、ノートの活用です。

全国各地の学校で特別授業を行うなかで、子どもたちのノートを見る機会が増えました。〝○○県版スタンダード〟と呼ばれるような定型のノートを多くの学校が使っています。教師が黒板に授業のめあてや目標を青色で囲み、重要な箇所は赤色で記入、子どもたちはそれを丸写しするのです。見開き2ページで授業をまとめ、全員が同じ、整然としたノートができあがります。こうした学級ではたいがい、子どもたちの机の上には教科書とノートしか出ていません。その教科書も丁寧に扱い、きれいなままです。一方、辞書や資料となる本が積み上げられている学級もあります。両者の大きな違いは、教師が指導するのか、子どもが学ぶのか、どちらが主体なのか、ということではないでしょうか。

きっちりと型が決まっているノートについて全否定するつもりはありませんが、あくまでも基本型であるべきです。そのノートで1年間押し通しても、学びの質の高まりにはつながらないのではないでしょうか。当然、その子らしさは活かされません。

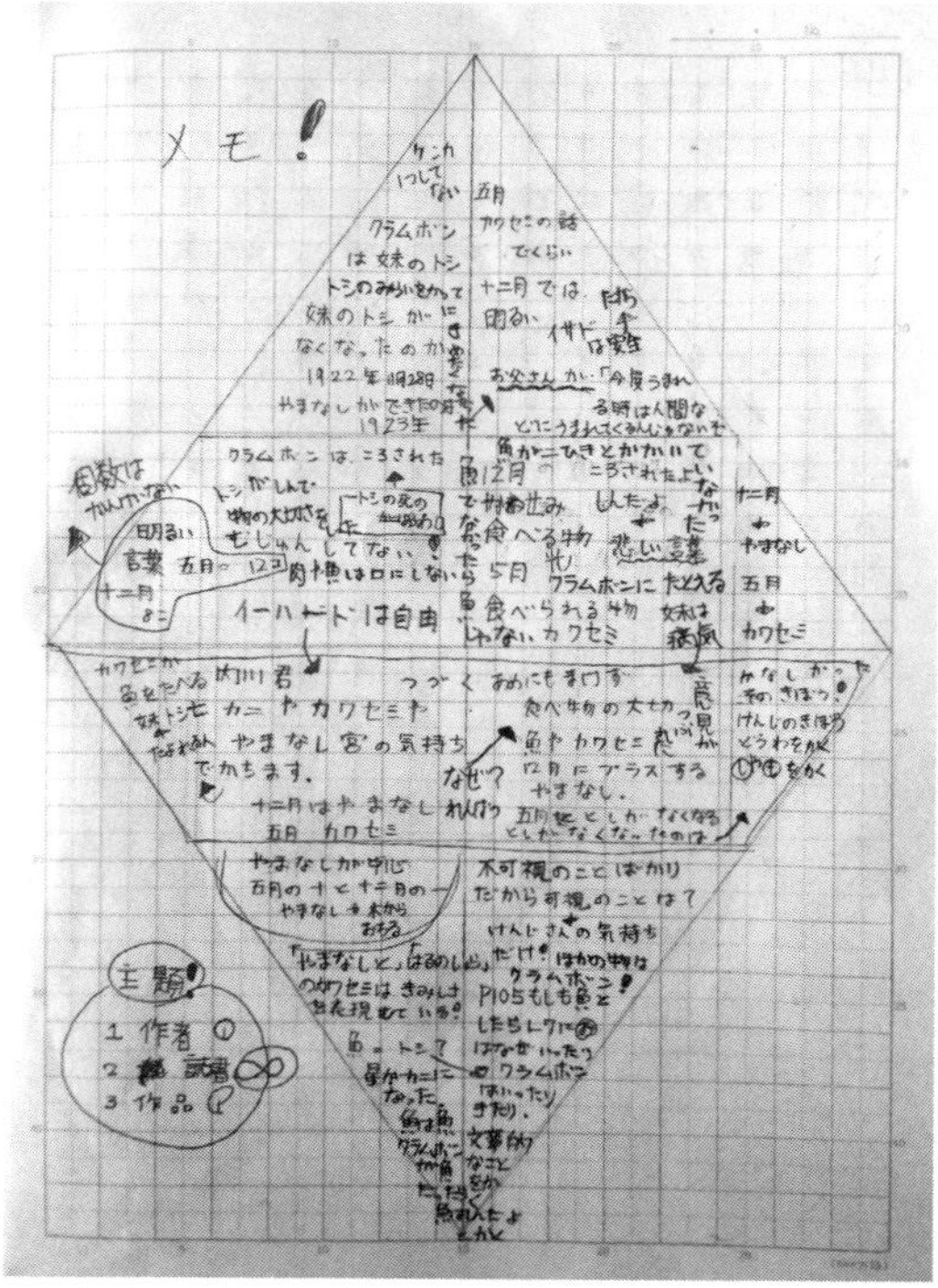

その子らしさが発揮されたノートには、子どもの学びの軌跡がそのまま表れている。

インクルーシブの視点から、「型が決まっているほうが、書くのが苦手な子どもでもまとめられる」という意見もありますが、対症療法的になっている場合も多々あるのではないかと感じています。自分の意見を持ち、人の意見に耳を傾け〝考え続ける人〟を育てることが学校教育の目標であるならば、ノートも考え合うためのものでなければならないはずです。

こうした視点から、意見を述べるのと同様、ノートにもその子らしさが十分発揮できるように指導していくことが大切です。ノートは、話し合いに活発に参加するための軸となるものだからです。その子らしさが発揮できるノートづくりはすぐにできるものではありません。教師が一人ひとりをしっかり見つめ、得意な表現方法を見つけられるサポートが必要になります。

以前受け持っていたU君は、授業中も落ち着かず、思い通りにいかないとかんしゃくを起こしていました。しかし、次第に仲間と認め合い、学級に居場所を見つけたU君は、もともと議論を交わすのが好きだったこともあり、話し合い活動になると俄然やる気を出しました。

最初のうちは、その場の勢いでひたすらみんなを説き伏せようと意地になっていましたが、他の人の意見を聞くことができるようになってくると、自分の考えをしっかり伝えるにはどうすればいいか冷静に考えるようになりました。

そして、彼が見つけた方法は、得意なイラストを描き、それを見せながら意見を述べるというものでした。

もちろんイラストだけでは説得力がありませんから、文章も書いて〝強い〟意見をつくるよう、指導しました。U君は話し合いのたびに、文章にイラストをプラスしてノートに自分の意見をまとめるようになりました。U君のオリジナルのノートは、しっかりと彼の学びの軌跡になりました。

その子らしさを活かしたノートづくりの大切さについて話すと、当初は一見オリジナルっぽいノートが出てきます。教師は、表面的な現象だけを見てオリジナリティをほめがちですが、質についてもしっかりと見ていく必要があります。

二学期後半の授業づくりにおいて大切な言葉かけ

	低学年	中学年	高学年
ノート指導	・たくさん書きましょう。 ・自分の言葉で書きましょう ・友達の発表や思いついたことも書いていいのです。 ・得意な絵を入れて描いてもいいよ。	・箇条書きでたくさん書きましょう。 ・歩くように息を吸うように書きましょう。 ・友達の発言のキーワードや気付いたことや質問もメモしよう。 ・自分のオリジナルノートをつくろう。	・質より量をまずは目指そう。 ・話し合いの流れが分かるようなノートにしよう。 ・メモ力を発揮しよう。 ・イラストを入れたり、付箋などを活用したりして、自分らしさのあるノートにしよう。
絶対解と納得解の話し合い指導	・「書いたら発表」を頑張りましょう。 ・はきはきと美しい日本語で話そう。 ・友達との言葉のキャッチボールを楽しもう。 ・おたずね名人になろう。 ・友達も分かるように丁寧に話し合おう。 ・理由を詳しく話そう。 ・みんなで話し合って、新しい発見をしよう。 ・拍手で終わる話し合いにしよう。	・「書いたら発表」をクラスのルールにしよう。 ・「出る声」を「出す声」にして伝え合おう。 ・友達の意見に自分の意見を重ねよう。 ・「一人をつくらない」全員参加の話し合いをしよう。 ・口角を上げて笑顔で話し合おう。 ・話し合いを通して新発見をしよう。 ・友達のよいところを見つけ合う話し合いにしよう。	・「出席者ではなく参加者になろう」を教室の価値語にしよう。 ・友達の意見を引用してかみ合わせよう。 ・「一人も見捨てない」を話し合いのキーワードにしよう。 ・話し合いは意見を成長させるためにするのです。 ・Win-Win の関係を目指そう。 ・笑顔と拍手のある感謝し合う話し合いにしよう。
少人数による対話・話し合い指導	・自分から友達のところに行こう。 ・3人でも話し合えるようになろう。 ・おたずねができるようになろう。 ・「教えて」「いいよ」が言えるようになろう。 ・新しく分かったことを増やそう。 ・決まった友達ではなくいろんな友達とたくさん話そう。 ・友達のいいところを発表しよう。	・自分から立ち歩いて参加しよう。 ・4人程度で話し合いをしよう。 ・理由を出し合い、それらについて話し合おう。 ・「なぜ？」「例えば？」「もう少し詳しく教えて」を大事にしよう。 ・すぐに否定しないで聞き合うことを大切にしよう。 ・友達の意見で自分の考えが変わったことが言えるように、話し合いに参加しよう。	・自分から立ち歩いて、積極的に動きます。 ・たくさんの友達と話し合い、新しい意見は赤ペンでノートに書き加えよう。 ・「話す」「質問する」「説明する」の態度目標を心がけます。 ・新しい気付きや発見をするために話し合うのです。 ・友達との話し合いで、自分の考えがどのように変わっていったのかを振り返ろう。

12月

非日常的な場面の指導

非日常の場面で育てたい三つのこと

学習発表会や音楽会、運動会など、二学期は様々な行事が目白押しです。また、研究授業・公開授業や授業参観日など、通常とは異なる授業も多く、子どもたちにとっても非日常の体験をする機会がいくつも訪れます。こうした非日常の体験は、子どもたちがいっそう成長する場になりますが、教師がそこをしっかりと踏まえなければ、単なる活動で終わってしまいます。よく見かけるのですが、行事に際して前もって練習したことをどれだけ忠実にできるかの指導と評価に終始する教師が少なくありません。少しでも間違えようものなら、厳しい叱責が飛び交います。すると、子どもたちは間違えないようにしようと余計に萎縮してしまいます。

私は非日常的な場面での指導を、①アドリブ力・対話力を育てる、②公の作法を教える、③自分らしさを意識させる機会だととらえています。

非日常の活動の核心は、その場の状況に応じて反応できるアドリブ力と相手に臆することなく対応できる対話力だと私は考えています。この二つの力は、通常の授業から教師が意識して取り組んでいなければ決して身に付きませんし、あらかじめ決められたことを発表する行事で伸びるものではありません。そして、この二つの力は、主体的・対話的で深い学びの核でもあるのです。

以前勤務していた小学校の運動会で、Aさんが閉会式の言葉を述べていたときのことです。全種目が無事終了し、見学していた保護者もちらほら帰り始め、設置を手伝っていたPTAの係がごみを拾ったり片付けを始めたりしました。Aさんはその様子を見ながら、「片付けをありがとうございます。でも閉会式までが運動会なので、もう少しの間、手を休めて聞いてください」と話しました。緊張しながらも周りを冷静に見つめ、臨機応変に言い切ったAさんに、みんなの視線が集中したことは言うまでもありません。

こうしたアドリブ力は、その場でとっさにできるものではありません。日頃からの積み重ねの成果なのです。

公開授業は、プラスの視点で

非日常の行事は、公にふさわしい作法を教える場でもあります。その場の目的や意義に合った行動や態度がとれることは、社会人として必要不可欠な条件です。こうしたふるまいを教師が手取り足取り一方的に指導するのではなく、子どもたちが自ら考え友達と意見を交わしながら、身に付けることが大切です。

例えば、ゲストティーチャーを招くとき、忙しいなか、みんなのために時間をつくって教室に来てくれるのはなぜなのかを考えさせます。来てくれて当たり前ではなく、感謝の気持ちで迎える心構えをつくるのです。そして、「相手に体を向けて話を聞こう」など授業中の作法を指導した後、ゲストにとって一番うれしいことは何かを考えさせます。「授業に積極的に参加すること」という意見が出たら、「質問を一つは考えよう」「感想を三つは言えるようにしよう」など、具体的な行動目標について話し合います。聞き方や姿勢などの狭い範囲で作法をとらえるのではなく、もっと広く子どもたちの成長につながるように意味づけることが大切です。

私は様々な学校で飛び込み授業を行っています。初対面の子どもたちへの授業ですから、当然私も緊張しています。それは子どもたちも同じです。「どんな先生なんだろう」「どんな授業になるのだろう」と、期待と不安で最初は子どもたちも硬くなっているのがよく分かります。しかも担任をはじめ、校長先生や他の先生たち、知らない大人が周りを囲むように授業を参観しているのですから、緊張して当たり前です。そこで最初は大きな声であいさつしたり拍手をして体をほぐし、笑顔で授業をスタートさせています。そして授業の最後に、私は必ずこう締めくくります。

「今日の授業を頑張ったみんなに向けて、きっと周りから指の骨が折れるぐらい大きな拍手があると思いますよ」

参観者からの大きな拍手を受けることで、子どもたちに満足感と達成感を味わわせたいと考えています。ているからです。

飛び込み授業では、子どもが自分で考え、その意見を友達と話し合い、発表する場面をつくります。似た答えでも「同じです」では済ませず、自分の言葉で発表するよう言葉かけをします。するど、短い意見のなかにも「その子らしさ」が出てきます。そこをほめるのです。

先生方の授業を参観するときも、同じ視点で見ています。

ある小学校で、四年生の授業を参観したとき、発表者が発表原稿を読みながら、「みなさん、知っていますか？」と尋ねると、ある子が「はい」と答え、周りから拍手が起こりました。その子は拍手が止むのをしっかりと待ってから発表を続けたので、私はその場面を大きく取り上げてほめました。

校内研究などで授業を参観すると、授業者の発問や指示ばかりに目が向く教師が少なくありません。評価ではなく、評定の目でしか授業を見ていないのです。評定の視点では、「授業に集中していたか」「先生の話をちゃんと聞いていたか」とマイナス面をとらえがちです。そうではなく、この授業を通してどんな力が伸びたか、個々の子どもの内側の変容を見つめるプラスの視点で見ることが大切です。

非日常的な場面の指導では、普段からの教師の姿勢が問われているのです。

「非日常」の場面での言葉かけ

	低学年	中学年	高学年
アドリブ力を育てる	・拍手をしよう。 ・笑顔で聞こうね。 ・お話を聞いたらひと言コメントを言おう。 ・おたずねにパッと答えよう。 ・「同じです」「いいです」をやめよう。 ・友達とちょっと違うことも言おう。 ・友達と違うことが言えることは立派です。 ・笑顔で話そう。	・リアクション豊かに聞こう。 ・お話を聞いたあとの感想はセットです。 ・突然の質問にも答えられる自分になろう。 ・「書いている途中です」で逃げません。 ・「同じです」「一緒です」はありません。 ・意見や理由には自分らしさが出ます。 ・身ぶり手ぶりも入れて話そう。	・公の場にふさわしい態度で聞こう。 ・感想を話すのは礼儀です。 ・「無茶ぶり」の質問にも楽しんで答えよう。 ・自分のなかから答えを見つけて話そう。 ・感想は、「三つあります」で話そう。 ・違いを楽しめる自分になろう。 ・具体的なエピソードを入れて話そう。
公の作法を教える	・頑張る力を伸ばすチャンスです。 ・（起立や礼、姿勢など）みんなとそろえることを頑張ろう。 ・みんなで集まったときは音を消そう。 ・5分間は、人のお話を聞けるようになろう。 ・当たり前のことができるようになろう。	・成長するためにここに集まったのです。 ・「切り替えスピード」を速くしよう。 ・「やる気の姿勢」で臨みましょう。 ・10分間は、人の話を聞けるようになろう。 ・当たり前のことを当たり前にできるようにするのです。	・非日常の場は、成長の場です。 ・目的に合った行動、態度、ふるまいをするのです。 ・公で活躍できる「大人《たいじん》」になるのです。 ・15分間は、人の話を集中して聞ける人になろう。 ・当たり前のことを当たり前にできる人が立派な人です。
自分らしさを意識させる	・指先にあなたのやる気が出ています。 ・お話を聞くときの○○さんの目の力が素晴らしい。 ・姿勢がかっこいい人になろう。 ・自分の最高の態度をしよう。 ・「○○チャンピオン」を目指そう。 ・「私は、～」「僕は、～」で話をしよう。	・みんなが集まった場だから「こそ」、自分らしさを発揮しよう。 ・成長したい自分を態度で示そう。 ・感想や意見には「自分らしさ」が出るのです。 ・発言内容の友達との違いを恐れない。 ・「成長ノート」に自分の成長が書けるような非日常を楽しもう。	・公の場で成長を示せる人になろう。 ・細部にこだわることで、あなたらしさが出るのですね。 ・みんなと一緒のなかで、本当に輝く姿があなたの個性です。 ・感想や意見の「自分らしさ」を発揮し合うのです。 ・振り返りの「成長ノート」が楽しみです。

1月

コミュニケーション力を育てる

話し合いの基礎になる三つのこと

コミュニケーション力を育てるうえで欠かせないのが話し合いの指導です。話し合いによって、子どもたちにどんな力をつけるのか。それは、自分の意見を持ち他者を認め、話し合いによって活動を進めていく力です。すなわち個の確立と健全な集団の育成を目指すのです。

話し合いの基礎になるのは次の三つです。

- **意見を言う**
- **質問する**
- **説明し合う**

三つとも根拠を伴った発論が必要です。自分の意見を裏付けるための下調べや相手の意見をしっかり聞くこと、相手の意見に対して冷静に反論すること、反論に対して整然と反論することなどが必要になります。こうした話し合いを通して、子どもたちは人と意見を区別する力を身に付け、自分の意見も他者の意見も大事にするようになるのです。個を大切にし、みんなで学び、よりよい集団へと成長する、これが話し合いの価値なのです。

話し合いの価値と技術は、ディベートや熟議を通して培うことができます。ディベートや熟議と聞いただけで拒否反応を起こす教師も少なくありませんが、競技ディベートをイメージしているのか、技法のみにとらわれて否定しているように感じることが多々あります。

ディベートは、ルールがある話し合いの価値を子どもたちに意識させるのに適しています。自分の意見を表明し、相手の意見に反論する、その反論に対してさらに反論するというルールに加え、審判という立場から客観的に双方の話し合いを聞くことができるからです。みんなで十分に話し合い、お互いが納得する答えを導く大切さや価値を学ぶことができるはずです。

もちろん、突然ディベートに取り組むのはハードルが高いでしょう。まず、〈意見を言う・質問する・説明し合う〉という形で行うディベート的な話し合いの学習ゲームから取り組むといいでしょう。

ディベート的な話し合いを重ねていけば、子どもたちは冷静に意見を述べることやお互いの意見をかみ合わせることができるようになります。自分の意見に対して反論が来ることを予測し、どうすれば相手を説得させられるかと先を読むようになります。また、相手の意見に対して反論できる機会が必ずあることで落ち着いて意見を聞くようになります。すると思考の幅が広がり、その場限りの単発的な意見ではなく、先を見据えた意見に練りあげられていくのです。

反論されたりさらに再反論したりすることは、子どもたちにとって大きな負荷がかかります。取り組み始めの頃は、意見を言えず無言のまま持ち時間を終えてしまったり、反論に答えられず言葉に詰まってしまったり、失敗の連続です。しかし、回数を重ねるうちに、ディベート的な話し合いを終えた子どもたちは、「頑張れた」「やりきった」という満足感を抱くようになります。「次はもっと」「またやりたい」とディベートを楽しむようになり、相手からの反論や再反論もしっかり受け止められるようになります。子どもたちが強い学び手に育つことで、他の教科や活動での話し合いも活発になってくるのです。

〝正解主義〟では、活発な議論は生まれない

最近、「〇〇ベーシック」「〇〇スタンダード」など、行政が作成した手引き書が発行されています。手引き書のなかで話し合いについて「ペア→グループ→全体で話し合い、意見を練りあげる」という説明がありますが、「意見を練りあげるのは難しい」という先生方の声もよく聞きます。そもそも、こうした手順を踏んでも「意見の練りあげ」はできないだろうと私は考えています。5月の項でも触れましたが、「隣の子となら、生活班でなら、話しやすいだろう」「少しずつ人数を増やしていったほうが発言が増えるだろう」という安易な考え方で〝形式的〟に話し合い

をさせても、活発な議論は生まれないし、ましてや意見を練りあげることなど無理でしょう。

話し合いとは、「自分の意見をつくること」です。〝正解主義〟に向けて行う話し合いのなかでは、こうした創造的な活動は生まれません。教師が主導権を持ち、〝正解〟に向けてコントロールしようとすれば、そこから外れた意見や話し合いは不要なものになるからです。子どもたちの自治活動が盛り上がらないという悩みをよく聞きますが、そういう話し合い活動を経験していないのですから当然です。なかには、議題ポストすらない学級もあります。意見をつくり出すことに価値があると考えていない教師の授業観が、そのような学級の状態となって表れているのではないでしょうか。

話し合いの基礎的な技術と、価値を見出す態度がなければ、新たな気付きや練りあげは生まれません。どちらが欠けても本当の話し合いはできないのです。そして、こうした話し合いの力は経験を通してしか伸びません。

様々な話し合いを通して、子どもたちは視点を増やし、思考の幅を広げ、自分の考えを深めていきます。話し合いのなかで、子どもたちが大きく成長する場面が多々あります。そうした子どもの内側の成長を価値づけることが大切です。研修を行うと、授業者の発問や指示、教材にばかり注目する参観者が少なくありませんが、子どもの変容にもっと目を向ける必要があるのではないかと強く感じています。

話し合いの基礎をつくる学習ゲーム例

『友達紹介質問ゲーム』

○グループ内で、一人の友達に残りの友達が２分間で何個質問できるかを競い合うゲームです。楽しみながら質問力を伸ばすことができます。

【目的】

1「質問は恥ずかしい」という意識をなくさせ、質問力を鍛えることで対話力を伸ばす。
2 このゲームを通して、友達の知らなかったところをたくさん引き出し、より仲のよい友達関係を築こうという気持ちを持たせる。

【やり方】

①３～４人グループになります。　②じゃんけんで一人質問に答える人を決めます。
③２分間で残りの人が質問します。　④グループ対抗でその数を競います。
⑤質問に答える人を交代しながら①～④を繰り返します。

【ルール】

①同じ人の連続質問は２回まで。他の人が質問すればまた質問できる。
②人が傷つくような質問や下品な質問はしない。
③１回戦が終わるたびに「作戦タイム」を設定すると面白い。

	低学年	中学年	高学年
言葉かけ	・友達のことをもっと知って仲よくなろう。 ・チームで協力してゲームを楽しみましょう。 ・（簡単な絵を描いて）ゲームのやり方を知ろう。 ・（モデルグループを前に出して）実際に先生も入ってやってみるのでよく見ていてください。 ・数を正の字で記録する人も決めます。その人も質問に答えたり質問したりできます。 ・やり方やルールのことで質問はありませんか。 ・頭を近づけてゲームを楽しんでいるチームがあります。 ・〇〇チームの笑顔がいいですね。 ・勝ったチームに拍手をしましょう。 ・質問し合うことは楽しいことなのですね。	・このゲームは、友達ともっと仲よくなるゲームです。 ・チーム対抗で質問する力を伸ばすゲームです。 ・ゲームのやり方やルールについて、気になることを質問してください。 ・質問の数を競い合うゲームですから、どのような質問がいいのか考えて挑戦しましょう。 ・笑顔でうなずきながら楽しんでいるチームがいいですね。 ・30秒の作戦タイムです。どんな質問なら数をかせげるか相談しましょう。 ・２回戦は、笑顔でうなずき合っているチームが増えていますね。 ・答えやすい質問について考えましょう。 ・質問し合うことで分かり合えるのですね。	・友達と質問し合うことで仲よくなる楽しいゲームです。 ・答えやすい簡単な質問について考えてみましょう。 ・ゲームの目的ややり方、ルールについて質問はありませんか。 ・チーム対抗ですから、協力し合って頑張りましょう。 ・笑顔プラス拍手もあるチームがあります。 ・２回戦に向けて、作戦タイムを有効に使いましょう。 ・友達のことが分かる質問にします。 ・「はい」か「いいえ」で答えられる質問がいいのですね。 ・関連する質問を続ける質問する側のチームワークも大切なのですね。 ・友達のことが分かる、自分を分かってもらえることは楽しいことですね。

成長を自覚させる

どんな学級にしたいのか、再び考えさせる

一学期、教師は一人ひとりの子どもとつながることからスタートしました。子どもたちのよいところを見つけてほめ、その子らしさを認めて、学級が安心できる場であることを実感させ、どのような学級集団にしていくのか子どもたちと話し合いながら目標をつくり上げました。

教師と子どもという縦のつながりができた二学期は、子ども同士の横のつながりに力を入れ、学級集団としての成長を意識させてきました。個人の学びから集団の学びに目を向けさせてきたわけです。

そして三学期は、学級の仲間との関わりによって自分やみんながどのように成長したのか、4月に掲げた学級目標にどれだけ到達できたのか、学級全員が一年間学び合ってきた「○年○組」という学級についての振り返りを行っていきます。集団の学びの集大成とも言えるでしょう。

それと同時に私は、学びを再び個人に戻す視点が必要になると考えています。個人から始まった学びは集団での学びに広がり、やがてまた個人に返っていくのです。そのためには、二学期は

集団：個が6：4だった学びの視点を、三学期は4：6の割合で見るとよいでしょう。

三学期早々、私は黒板に大きく次のように書きました。

「残り50日を○○のクラスにする」

まず個々に考えさせ、それをもとにグループで話し合い、学級全体で発表し合いました。最後の50日間、どのような学級にしていきたいのか、一人ひとりに意識させたいからです。

「学年最後の学期だから、○○の学級にしよう！」と担任のみが熱く語っても、子どもたち一人ひとりの胸のなかには響きません。「そんなこと言ったって、自分にはとうてい無理。達成できるはずがない」と投げ出してしまう子もいるでしょう。教師の思いを伝えるだけでは、どうしても単線のつながりに陥りがちなのです。

大切なのは、どんな学級にしたいのか、子どもたち自身に〝本気〟で考えさせることです。それこそが、子どもたちに成長を自覚させることになるのです。

学級文化を軸に、成長を形にしよう

成長を自覚させる活動では、基本的には自分が力を入れてきた指導をキーにして展開するのが望ましいでしょう。

個人の活動はじっくりと一年間を振り返るもの、学級全体の活動はみんなで関わり合う楽しさを実感できるものが中心になります。特に、学級全体で行うものは、その学級の特色を活かした活動にすることが大切です。

学級の特色は、独自の〝文化〟です。係活動や価値語年表（成長年表）など一年間を通して学級で盛り上がってきた活動こそが、その学級独自の文化です。もちろん、この文化のなかには、担任自身の得意分野も色濃く影響されていることでしょう。例えば、歌が得意な教師なら、これまでみんなで合唱を楽しむ機会も多かったのではないでしょうか。

私の場合は、「書く」「話し合う」ことを活動の軸にしてきました。「書く」「話し合う」活動は、私が学級経営で大切にしていることで、一年間を通して、子どもたちに感想や意見を書かせ、それをもとに話し合いをする指導を行ってきました。その年の学級の様子を見ながら、子どもたち自身に活動を任せたり、個々でじっくり考えた意見をもとに学級全体で練りあげたりしながら、子どもたちに成長を自覚させてきました。

●個人活動の例

・私を色でたとえたら……三学期が始まってすぐに実施。一学期の頃と今の自分、そして修了式を予想して自分を「色」で表現させる
・未来作文……三学期の最初に、３月の修了式の日の自分に手紙を書く

●学級活動の例
・ミニ集会を楽しもう……子ども主催で係活動・班対抗のミニ集会を実施
●個人&学級活動の例
・コミュニケーション大事典
・学級名言集
・クラス成長新聞
・名言カルタ
・コミュニケーションカルタ
・ほめ言葉のシャワー色紙版（一人ひとりに向けて）
・試練の10番勝負……「言葉（価値語）を得て自分はどう変わったか」「6年1組を漢字一文字で表すとしたら」など、教師の〝お題〟に沿って、個々で意見を考え、発表する　等々

そして最後に、三学期のこの時期にこそ、再び「学級目標」に立ち返ってみましょう。子どもたちとともに、どんな思いで学級目標を決めたか、4月と比べてどんなところが成長したか、残りの時間をどんなふうに過ごしていきたいか――。教師が一年間の子どもたちの頑張りを認める姿勢が大切です。

学級おさめの日、子どもたち一人ひとりの成長を、目に見える形で示してあげましょう。修了

式前日の放課後に、黒板いっぱいに一年間の成長を書いておいたり、教室を出ていくときに一人ひとりと握手を交わしたり……。子どもたち自身が満足して一年を締めくくることが、何より大切なのではないでしょうか。

1年間の学級の軌跡を形に残してあげよう。

成長を実感させる言葉かけ

	低学年	中学年	高学年
関係性について	・あいさつをし合うときの表情が笑顔に変わりましたね。 ・笑顔いっぱいの教室になりましたね。 ・「教室にあふれさせたい言葉」が増えているね。 ・「ありがとう」の言葉が優しいね。 ・ひとりぼっちがいなくなりました。 ・みんな「仲直り名人」ですね。	・「あいさつプラスひと言」が当たり前になっています。 ・笑顔のコミュニケーションがあふれています。 ・価値語がみんなの成長を促しています。 ・「相手軸」で考え行動していますね。 ・「一人をつくらない」が自然にいつでも、どこでもできています。 ・「ごめんなさい」は価値語ですね。	・みんなとの生活を楽しんでいるあいさつですね ・圧倒的なコミュニケーション量ですね。 ・「一人も見捨てない」という強い気持ちが態度に出ています。 ・教室のなかに価値語が生まれ育っています。 ・あなたたちのことを「教室は家族です」というのでしょう。 ・集団として進化しています。
対話的な学びについて	・笑顔で言葉のキャッチボールを楽しんでいます。 ・みんな「おたずね名人」ですね。 ・自分から友達のところに行って話し合えるようになっています。 ・ノートに書いたこと以外も話せるようになりました。 ・小さなグループでもみんなが話をしていますね。 ・成長ノートにたくさん書けるようになりましたね。	・笑顔あふれる話し合いですね。 ・口調が優しくなったところも成長ですね。 ・自分から立ち歩いて、少人数の話し合いができています。 ・友達の意見を受け入れながら話し合いを楽しんでいます。 ・自分の言葉で自分から話しています。 ・友達の意見を使いながら話し合えるようになっています。	・人と意見を区別して、話し合いを楽しめるようになりました。 ・連続質問で対話力が伸びています。 ・即興力が伸びています。 ・相手を説得するための準備が豊かですね。 ・チームで協力し合う態度が立派です。 ・「しゃべる、質問する、説明する」の話し合いの態度目標を達成しています。 ・引用する力が伸びています。 ・潔く相手を認めています。
自分自身について	・自分の気持ちを書いたり話したりできるようになりました。 ・言葉をたくさん覚えましたね。 ・友達を拍手でほめられるようになりました。 ・頑張る「めあて」を持てるようになりました。 ・素直にやり直しをするようになりましたね。	・自分のよいところも「成長ノート」に書けるようになりました。 ・自分の気持ちを色で表して、振り返ったりこれからを考えたりしています。 ・友達のよさを素直に認めてはげましています。 ・少しのことを気にしなくなりました。 ・友達の失敗を許せるようになりましたね。	・自分のこれからも「成長ノート」に書けるようになりました。 ・Win-Win-Win を大事にしています。 ・自分のことを大切にしていますね。 ・友達との関係を通して自分のよさにも気付けるようになりました。 ・気持ちの切り替えが自然にできるようになりました。

第4章

学び、考え続ける「人」を育てる
12か月の「自熱する話し合い」指導

4月

「みんなが一等賞を取れる」を実感させる

「人間を育てる」視点をもつ

これまでの知識偏重から、思考力や表現力を育てる指導に重点が置かれるようになった現行の学習指導要領。一時期は、「何を教えるか」「どのように学ぶか」をまとめた教育書が続々と出版され、いわゆる、〝アクティブ・ラーニングバブル〟とでも呼ぶべき現象も起きました。しかし、私は次の2点を危惧していました。

①そもそもアクティブ・ラーニングを通して、どういう子どもを育てたいのか

②教師自身が、従来の「教師が知識を教える」という授業観を転換することができるのか

この2点をしっかりと踏まえていなければ、ハウツー的な指導書をいくら読んでも、これまで幾度も言われながらも中途半端になってしまった、「子ども重視」「子ども自らが考え行動する」活動と同様、「絵に描いた餅」になってしまいます。

①について考えてみましょう。アクティブ・ラーナーとはいったいどのような人を指すのでしょう。私は、「考え続ける人」のことだと考えています。考え続ける人とは、《一人ひとりが自分

らしさ（個性）を理解する→自分らしさの大切さを理解することで他者の〝らしさ〟の大切さも認めることができる→それぞれが自らの考えを出し合い、対話を通して何かをつくり上げていく・決めていく・変えていく》人のことです。自分らしさを発揮し、様々な人と協力し合いながら物事をやり遂げるのは、子どものみならず、大人になってもずっと重要なことです。

３章でも書きましたが、「子どもを育てる」のではなく、「人間を育てる」視点が必要なのです。1年間という短いスパンではなく、もっと長い目で子どもの成長を信じることが大切です。

②についての懸念は、「何を教えるか」「どう教えるか」など目先のことばかり意識し、「どんな子どもを育てたいか」という視点が抜けてしまうことです。子どもたちが調べたり発表したりする活動を積極的に取り入れると、一見活発そうな取組に見えますが、前述の視点が抜ければ単に知識や情報を得るだけにとどまり、従来の「教師が教える」ものと何ら変わりません。

このような〝勘違い〟の例はよく見られます。「公民館ってどんなところ？」という内容で話し合いに取り組んだ例を見てみましょう。まず一人ひとりが本やインターネットなどで公民館について調べ、その後グループごとに実際に公民館に行き、職員や利用者などに取材を行い、調べた成果を発表し合います。しかし、この授業で子どもたちが得たものは、公民館の役割という知識の概要にすぎません。教師も、子どもたちが自ら考え行動したことで、アクティブ・ラーニングに取り組んだと思い込みがちです。

先述の2点を踏まえれば、「公民館ってどんなところ?」というテーマの設定ではなく、「校区内に公民館をつくるべきか」といった発問で進めていくべきです。公民館をつくるべきか否かを考えるために、子どもたちは公民館の役割や配置、利用状況などを多角的に調べます。そのうえで二つに分かれるため、どちらも相手を説得するために、活発な意見を交わすことになります。

子どもたちはこの経験から、公民館そのものの知識にとどまらず、今後、物事を考えたり決めたりするうえで大切な基本を学べるはずです。アクティブ・ラーニングとは、そういう〝生きる力〟を学ぶことであるべきです。

小さなエピソードを大きく価値づけて

そうした学びを進めるうえでさらに大切なのが、どの子も活躍できることです。

子どもを主体にした活動は、ともすれば一部の活発な子どもを中心に進んでしまいます。教師も横道にそれた意見をすぐに訂正し、なるべく〝正答〟への最短の道を示そうとします。これでは、教師主導の指導と何ら変わりません。

どの子も活躍する――ひとくくりに言いますが、様々な課題を抱えた子どもが少なくない昨今では、そう簡単ではありません。これまでのように、「こう発問をすれば、こんな答えが返ってくるだろう。こんな反論もあるだろう」という予測がつきにくくなったため、授業の展開に頭を悩ませる先生方も少なくないでしょう。

予測がつかないからこそ、子ども同士の関係性が大切になります。間違った答えを言っても認めてくれる学級、話の本筋から外れても、「その意見は今の話し合いの視点から外れているのではないか」と軌道修正できる学級――これらは、子どもたちがしっかりと信頼関係でつながっているからこそ成立するのです。こうした取組を、当時六年生だった女子が『成長の授業』と名付けてくれました。「なるほどなあ」と感心しました。教師が一人ひとりを認め、その子らしさを引き出し、学級全体で共有できるようにすることが大切です。

教師は1年間を通して教師と子ども、子ども同士のつながりを意識すること。そのためには、教師自身が観察する力と伝える力を身に付けましょう。特に4月は、ほんのちょっとした行動や発言にも目を配り、小さなエピソードを大きく価値づけて子どもたちに伝えます。「みんなが一等賞を取れる」ことを子どもたちに実感させるのです。

例えば、165ページの表の「19　着手スピードが速い」ことをほめる場面は、指示に対する反応が素早い子どもを大きく取り上げます。

年度はじめの4月、たいていの教室では、着手スピードは遅いものです。だからこそ、そこそこのスピードでも、「立った子」「口を開いた子」を大いにほめて、スピードの速さを意識させるのです。

今すぐできなくてもいいのです。45分後、一学期後、1年後にできるようになっていると信じることが、日々の『成長の授業』につながっていきます。

挙手一つとっても、ほめる要素につながる。

正対する聞き方の
姿勢に　相手を大切に
している思いやりが
あります

新年度スタートの言葉かけ

■アクティブ・ラーナーを育てるための、「白熱する話し合い」を成立させる土台となる言葉かけである。
■基本となる学習規律を教え、それらを頑張った子どもへの声かけであり、その子どもたちの行為の価値を見つけ、全員に伝えるときの言葉かけでもある。

一斉指導のなかで

1「指先に伝えたい気持ちが出ています」
「右手の中指の先を天井に突き刺す」と挙手の仕方を教えた後に、そのような挙手をしている子どもに。

2「正対する聞き方の姿勢に相手を大切にしている思いやりがあります」
「話し手に体ごと向けて聞くことを『正対する』と言います」と教えた後に、自分からそうしている子どもに。

3「伝えて一緒に学ぼうとするその話し方がいい」
「聞き手のほうを向いて話します」と教えた後に、自分からそうしている子どもに。

4「相手を認めている温かい気持ちがその拍手から伝わります」
「強く・細かく・元気よく」の拍手の３ポイントを教えた後に、そのような拍手をしている子どもに。

5「その理由にあなたらしさが分かります」
「結論＋理由」の理由や自分の思いや感情を頑張って発言した子どもへ。

6「友達を大切にしようという温かさがありますね」
発言できなくて戸惑っている友達がいたときに、「○○さんの思っていることが分かる人はいますか」の問いかけに挙手した子どもへ。

7「受け入れようとするあなたたちの優しさを感じます」
理由を発言したり、おとなしい子どもが発言したときに、それを静かに待って聞いている周りの子どもたちに。

8「その目線から素直に学ぼうとする意欲が分かります」
教師の話や友達の発言に対して目線を合わせて聞いている子どもに。

ペア・グループ学習のなかで

9「向かい合う『切り替えスピード』が速いですね」
「ペアになりましょう」「班をつくりましょう」などの指示に素早く反応する子どもへ。

10「そのあいさつに新しい気付きや発見をしようとしていることが分かります」
最初の「お願いします」のあいさつを指示した後で、その声が元気のいい子どもへ。

11「笑顔（前かがみ、うなずきなど）があるから白熱するのです」
ペアやグループの話し合いのときに、それらがとてもよい子どもへ。

12「友達に感謝の気持ちを持てるあなたが素晴らしい」
最後の「ありがとうございました」のお礼の言葉をきちんと言っている子どもに。

様々な活動のなかで

13「自分のこととしてとらえられるその態度が最高です」
○○さんへの指示や説明などを、自分に当てはめて聞き、それに従い活動した子どもに。

14「それを『一人が美しい』と言います」
困っている友達に自分から教えに行ったり、助けに行ったりした子どもに。

15「大人も難しい『人と意見を区別する』ができています」
落ち着いて反対意見を言えた子どもに。

16「全体を見る力は思いやりです」
「静かにしよう」などと仕切る言葉を口にした子どもに。

17「読む力は大人になるために必要です」
相手の気持ちや先のことなどを「読んだ」子どもがいたとき。

18「考えたから意見が変わったのです」
話し合いなどで意見を変えた子どもがいたとき。

19 「着手スピードが速いですね」
指示に対する反応が素早い子どもに。

20「『出る声』ではなく、『出す声』が相手への優しさです」
場を考えて言葉を伝えようと話した子どもに。

5月

話し合いの基本的な流れ

マイナスの行為も修正して価値づける

新しい学級がスタートしたからといって、子どもたちの関係性がすぐにできあがるわけではありません。最初の頃は誰でも「よいことをして注目されたくない。でも、悪いことをして叱られるのもいやだ」という気持ちを持っています。お互いにけん制し合い、よくも悪くも目立ちたくないのです。特に問題が起きていないからと教師がそのまま流してしまうと、冷めたマイナスの空気が教室にあふれていきます。こうした空気を破る、いわば〝リセット〟の価値づけが必要になってきます。ときには、マイナスの行為でさえ、違う角度から見て価値づけをしてあげることも必要です。

かつて受け持った学級での4月、Mさんはとかく言葉遣いが荒く、いつもけんかの火種をまいていました。授業中、おしゃべりがうるさかったU君に対して、Mさんが「静かにしいっ」と注意したのですが、一向に静まる気配がありません。言うことを聞かないU君にかっときたMさんは「U、やめんか!」と一喝。たしなめるというより威嚇するような迫力にクラス中がシーンとなりました。

そこで、私は「注意する勇気は大切ですね」とＭさんをほめました。叱られこそすれ、ほめられるとは思ってもいなかったのでしょう。Ｍさんもみんなもびっくりした表情です。私は、Ｍさんの行為はみんなで学ぼうとする姿勢の表れだと価値づけたあと、「でも、『静かにしましょう』と落ち着いて言葉かけをすれば、もっとよかったですね」と付け加えました。まだ子どもたち同士の関係ができていないこの時期は、〝クラスみんなで学び合おう〟という空気をつくり出すことが重要です。

そのためには、どんな小さな行為でも、たとえその行為がすべて正しくなくても認め、より好ましい方向に修正してあげてほめることが大切です。その後、子どもたちは静かに注意することを少しずつ意識するようになっていきました。

話し合いの中身より流れを知る経験を

学級の人間関係が未熟であるこの時期は、授業で話し合い活動を取り入れても、「自分の意見を言わない」「相手の話をきちんと聞くことができない」という子どもたちが少なくありません。読み物教材で、「主人公はどのような気持ちだったのか話し合いましょう」といきなり指示を出しても、進んで意見を述べる子どもは少数派です。

ペアやグループならば意見を言いやすいのではないかと組ませる先生方もいるかと思いますが、人間関係ができていないこの時期に、安易にペアやグループで話し合いをさせても話がもたず、むしろ話し合い嫌いになってしまうこともあります。特に、能力差があるペアの場合は顕著です。

この時期の話し合いは、話し合いの〝中身〟より、中身以外の〝行為〟そのものを価値づけてほめましょう。行為とは次のようなものです。

- **ペアで話し合うとき、素早く向き合う**
- **お互いにしっかりとあいさつができる**
- **相手の顔を見て話す**
- **相手の話をうなずいて聞く**
- **時間がきたら、すぐに元の席に戻る**

どれも簡単なものばかりですが、なかなかきちんとできるものではありません。こうした行為を、「積極的に学ぼうとする」と価値づけてほめることで、これまで、どれだけ発言したか、どれだけ正解に近い意見を出したかなど、中身ばかり評価されていた子どもたちにとっては、新たな評価規準が生まれることになります。中身を追求しすぎると知識偏重の話し合いになり、一部のできる子だけが意見を言う活動に陥ってしまうのです。

話し合い活動は、最初から活発にできるものではありません。話し合いの基本的な流れを説明し、まずは話し合いを経験させることが大切です。このように考えると、話し合いの活動を取り入れるタイミングも重要です。通常、一通り教科書等で指導したあと、学んだことをもとに話し合いを行うことが多いようです（170ページ図Ⅰ型）。しかしこの方法では、授業時数がオーバーするうえ、すでに結果が分かっていることを確認し合う〝復習〟の場になりかねません。

一方、教師が論題を出し、子どもたちに自分の仮の立場を決めさせ、調べさせたあと、話し合いに入る活動があります（170ページ図Ⅱ型）。話し合いは「ＡかＢか」を選んで意見を述べ合うディベート方式にします。この場合、教師の指導より子どもたちが自ら調べたり、相談し合ったりする活動が増えます。また、ＡかＢかで意見を戦わせることになるため、相手を納得させる説明力も必要になります。さらに、相手の意見に納得したら自分の立場を変えてよいとすることで、最初に立場を決めなければいけないプレッシャーから解放され、相手の意見にも積極的に耳を傾けます。このように、必然的に子どもが自ら考え動く活動になるのです。この方法は、授業時数内に話し合いができるのもメリットでしょう。もちろん、話し合いで足りない知識は、最後に教師が補足として説明を入れます。

　このように比較した場合、言うまでもなくⅡ型のほうが子ども主体の活動だと言えるでしょう。

　Ⅱ型の方法で話し合いを行うと、最初の時期は意見が主題からそれたり、不完全燃焼で終わることも多々あります。それでも、教師は我慢強く見守ることが大切です。一見、主題から逸れたものでも、子どもにとってはこだわりを持った意見です。その子の意図をつかみ、本人が説明しきれないところは教師が補足してあげるくらいの気持ちで構えましょう。

　話し合いが不十分で終わってもそれでよし。調べる方法も相手を納得させる技術もまだしっかり学んでいないのですから当然です。「話し合いはこんな流れで進んでいくんだなあ」「みんなで話し合うのはなんだか楽しいなあ」と経験させることがまずは大切です。何をどのように調べればよいのか、どのように意見を言えば相手を納得させられるのかなど、不完全燃焼な思いは、今後の話し合いに活かされていきます。

Ⅰ型（従来の話し合い活動）

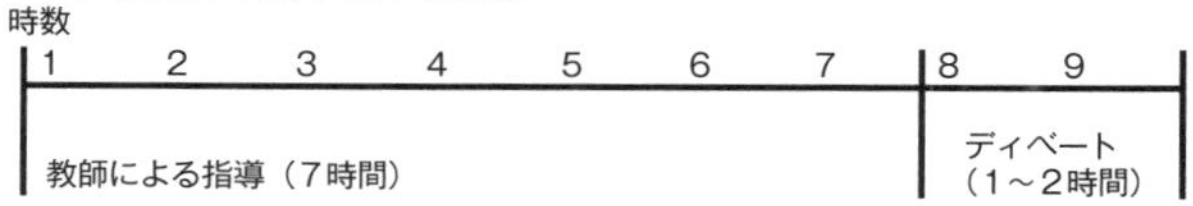
時数
1
2
3
4
5
6
7
8
9
教師による指導（7時間）
ディベート
（1～2時間）

Ⅱ型（子ども主体の話し合い活動）

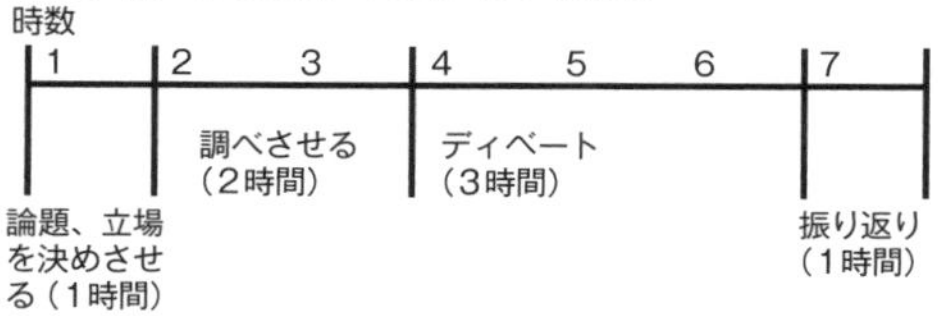
時数
1
2
3
4
5
6
7
調べさせる
（2時間）
ディベート
（3時間）
論題、立場
を決めさせ
る（1時間）
振り返り
（1時間）

1　話し合いの基本的な流れ

個人（意見） ▶ **同じ立場のグループ**（意見拡大） ▶ **全体発表**（意見出し合い） ▶ **同じ立場のグループ**（反論準備） ▶ **全体話し合い**（質疑反論） ▶ **個人思考**（自問自答）

2　基本となる教師の言葉

〈例〉「縄文時代と弥生時代」（社会科・７時間）

１時間で教科書の挿絵（縄文・弥生の想像画）や本文の簡単な説明を終えて、「あなたは、縄文時代と弥生時代とではどっちが幸せだと思いますか」と問います。

１「自分の立場を決めましょう」

（AかBか、賛成か反対か、AかBかCかなど）自己決定力を鍛える。

・「ノートにズバリと書きます」

・「途中で変わってもかまいません。変わる人はそれだけ考えた人です」

２「次に、先生は何と聞くでしょう」

能動的な学習態度を育てる。

・「理由には自分らしさが出てきます。理由がないのは『いじめ』です」

３「理由を箇条書きで三つ書きましょう。時間は５分間です」

具体的な数値目標を示し、学習意欲を高める。

・「一文一義で書きます」

・「スピードを上げます」

４「やめましょう」

活動の区切りをはっきりさせる。授業に緊張感を持たせる。

・「切り替えスピードを上げます」

・「限られた時間のなかで力を発揮するのです」

５「同じ立場の人とグループになります」

話し合いの仕方と目的を考える。

・「対話のために自分から動ける人になろう」

・「友達から『ありがとう』と言われる人になろう」

６「書いた理由を読み合って話し合いをします」

自分の考えを確かなものにする。

・「否定をしない話し合いができるようになろう」

・「誰とでも話し合うことのできる大人になろう」

７「なぜ、同じグループの人と話し合いをするのでしょうか」

活動の目的や価値を考える。

・「教室のなかの活動にはすべて意味があるのです」

・「意味、目的に沿った行動を最優先するのです」

８「○○グループの人は、理由を発表してください」

出席者ではなく参加者になることを促す。

・「参加者としての責任を果たします」

・「『活動→発表』をセットにするのです」

９「相手の意見に対する反論を考えます」

反論の価値を理解させる。

・「反論がないということは、認めたということです」

・「『質問→反論』『引用→反論』という対話の仕方をしましょう」

10「○○グループの人は、相手の意見に反論をしてください」

人と意見を区別することの価値に気付く。

・「反論されて喜べる人になろう」

・「W in《自分》- W in《相手》- W in《学級全体》の関係を目指そう」

11「新しい発見をノートに書きましょう」

対話の価値に気付かせる。

・「変化したことを書こう」

・「新しい発見や気付きがある人が成長しているのです」

12「書いたことを発表しましょう」

全員で学びを深め合う。

・「比べながら聞きます」

・「みんなで学び合った素晴らしさに拍手をし合いましょう」

6月

話し合いが苦手な子への指導

「気になる子」に無理強いしない

子どもたちもようやく新しい学級に慣れ、話し合い活動も少しずつ活発になってくるこの時期、必ず「気になる子」が出てきます。自分の意見が決められなかったり、発言できなかったり、感情的になったりと、話し合いに参加できない子です。

話し合いに参加しない子には、いくつかの要因があります。

- **発言する中身を持っていない**
- **何を話し合うのかを理解していない**
- **学級の人間関係ができていない**

特に大きな要因は、学級のなかでまだ十分に人間関係を築くことができていないことでしょう。私たち大人も、お互いをよく知らない集まりのなかで、積極的に自分の意見を述べるのは難しいものです。仲のよいグループという狭い世界で生活してきた子どもなら、なおのことです。

この時期、こうした「気になる子」に無理強いしてはいけません。真正面からぶつかってもむしろ逆効果です。「気になる子」だけではなく、ほとんどの子どもたちはこれまで活発な話し合いを体験していません。絶対解を求める知識伝達中心の授業を受けてきた子どもたちに、いきなり自分の意見を持って、他者と意見を交わしなさいと言っても無理です。

まずは、子どもたちの現状を認め、話し合いの経験を積み重ねていくようにします。そして「気になる子」本人に関わるより、学級全体の人間関係づくりに目を向けることが大切です。

子ども同士の関わりに重点を置く

話し合い活動を行うとき、AかBか自分の立場を決められない子には、はじめは「AかBか決められないなら、鉛筆を転がして出てきたところにしよう」と、〝仮〟の立場を認めてあげます。同じ意見同士でグループになって、考えを深め合う活動でも、仲よしの友達がAを選んだから自分もAを選ぶ、という子がいますが、最初はこれも認めてあげます。

慣れてきたら少しずつ、自分の考えで立場を決めるよう、イラスト（下段）で示しながら説明していきます。

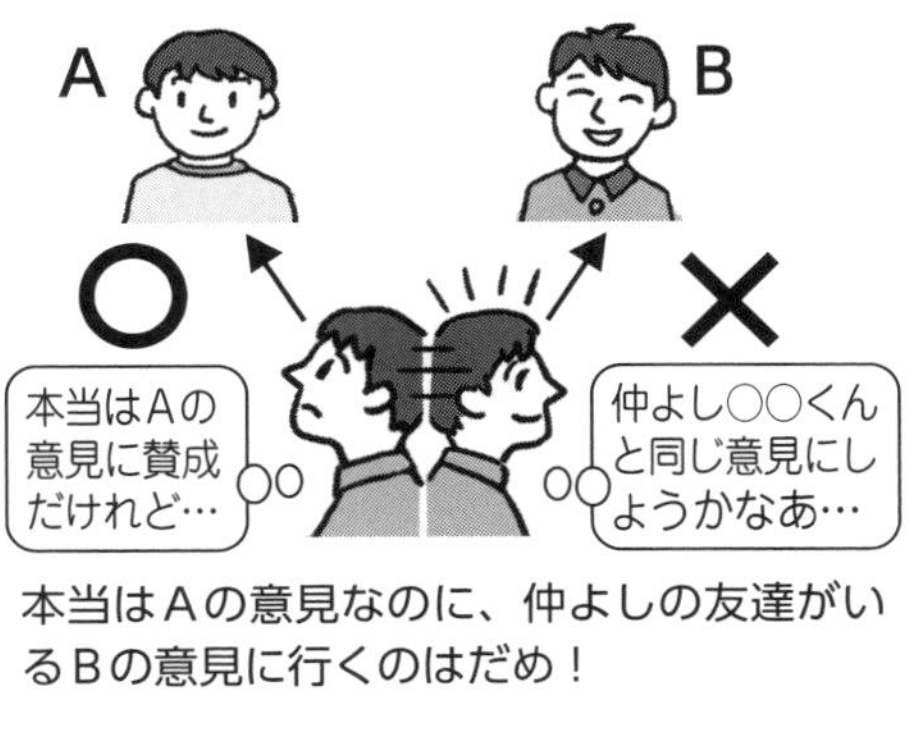

本当はAの意見なのに、仲よしの友達がいるBの意見に行くのはだめ！

理由が書けない子には、机間巡視をしながら他の子が書いた理由を教師がつぶやいて、ヒントを与えてもよいでしょう。

いきなり自分の意見を発表させるのは、ハードルが高すぎます。自分の意見をノートに書き、それを読むところから取り組んでいくとよいでしょう。

グループで意見を出し合うときは、ノートに赤字で仲間の意見を書かせ、自分の意見とみなします。自分一人では一つしか意見を出せなくても、仲間の意見を加えることで数が増えます。また、仲間の話を聞きながら、新たな視点に気付くこともあるでしょう。書くことで、1＋1が2ではなく、3、4……となっていきます。

さらに授業後は、今日の話し合いで気付いたことや、学んだことをノートに書いて振り返らせます。友達の意見を聞きながら、自分はどんなことを思ったのかを振り返らせることで、その子自身の考えが少しずつ深まっていくのです。

自分の意見が持てない子は、仲がよい子の意見に合わせることが多くなります。本人へのアプローチも必要ですが、この時期はむしろ学級全体に向けて、話し合いの望ましいあり方を示していったほうがよいでしょう。

・人と意見を区別できることが大切

・一人が美しい（たとえ一人になっても周りに流されない）

これらを全体に向けて発信します。周りの子に声をかけて、〝気になる子〟に関わらせるようにするのです。そのために、教師は子どもたちから一歩引いて、〝眺める〟視点が大切です。教師が話し合いのなかに入ってしまうと、〝気になる子〟の存在が引っかかり、その子ばかりにマイナスの目を向けてしまいがちです。マイナスを正す視点で対応しても、子どもは反発するだけです。その点、子ども同士の関わりのなかならば、比較的素直に耳を傾けます。

「2：6：2」の法則という経験則があります。集団では、やる気がある2、普通6、消極的な2の割合に分かれやすいという法則です。学級経営では、6に属する子どもたちにやる気を持たせて2＋6で8に高め、残りの2の子どもたちを引っ張っていくことが大切だと言われています。話し合い活動も同じで、6を引き上げ、やる気のあるグループを8にして、消極的な2の子どもたちを引っ張っていくことが大切です。

R君とS君の関わりについてお話ししましょう。R君は、様々な問題を抱えたS君と仲がよく、学習面でも生活面でも、何かと面倒を見てきました。S君もR君に信頼を寄せていました。ときには馴れ合いになることも多く、話し合いの授業で、S君は深く考えずに、R君と同じ意見のグループに入ったりしていました。R君も話し合いをするなかで、自分の意見が変わってもS君を気にかけて、他の意見のグループに移ることがなかなかできないようでした。

二学期の半ば、学級にやる気グループが増え、活発に意見が出るようになった頃、R君に対して「S君にしている行為は、本当の意味での優しさと言えるのだろうか」という質問が出ました。質問に対し、R君は「困っている人がいれば助けたいと思ったけれど、学級全体の学び合いを考えていなかったのが、自分の弱さだったと思います。気付かせてくれてありがとうございました」と答えました。R君だけでなく、S君も学級全体も、「本当の優しさ」について考えるきっかけになりました。

その後、R君のS君に対する態度が少しずつ変わってきました。話し合いをするなかで、自分の意見が変わったときもS君を気にすることなく、さっと違うグループに移るようになりました。S君も自分の意見を出すようになり、周りもいっそうS君を気にかけるようになりました。

周りの子どもたちが関わり合うことで、二人は成長し、学級全体の成長につながったことを実感しました。

話し合いが苦手な子への言葉かけ

1．立場を決めることができない子ども

本人の気持ちを察して、

「あとで何度も変わっていいのだから、とりあえずここかな、と決めよう」

「鉛筆を転がして、出てきたところにしよう」

「誰も死なない。適当に決めよう」

とさりげなく言葉をかけます。

2．理由を書けない子ども

机間指導のときに、

「○○○と書いている人がいる、さすがだなあ」

「なるほど、△△△とも考えられるね」

などと、「答え」をつぶやくのです。

「先生がつぶやいたことをそのまま書くことはOKです」

と付け加えてもよいでしょう。

3．仲のよい友達と固まる子ども

この時期はまだ学級の人間関係に安心できない頃ですから、

「人と意見を区別できる人が大人だよね」

「全員で考え合う教室にしようね」

「自分らしさを出せる人になりたいですね」

と、これからの望ましいあり方を示します。

4．発言がどうしてもできない子ども

発言を強要しないで、

「友達の話を聞こうとしているところが素晴らしい」

「一番いいなあと思った発言を、あとで聞かせてね」

「自分の考えと比べて聞こうとしているところが素晴らしい」

などと、聞いている姿をほめます。

5．明らかに根拠が崩れているのに、立場を変えようとしない子ども

話し合いにおける、

「潔く変わりましょう」

「さっと変わったほうがかっこいいよ」

「変わるということは、それだけ考えたということですね」

といった、価値語（「潔い」「変わることのカッコよさ」）を教えます。

6．発問、テーマにより明白な人数の偏りができた際、多くの仲間のなかに隠れる子ども

どちらにも考えられる納得解のテーマのときには、

「誰か、（人数が少ない）こっちに『散歩』に来たい人いませんか？」

「両面から意見が言えるということが、論理的思考力がある、ということなのですよ。素晴らしいですね」

「みんなが白熱するためにあえて移動する。考え合う集団を目指していますね」

と、固執しない態度を賞賛します。

7．感情的になりすぎる子ども

子どもたちが感情的になったときは、ユーモアいっぱいに、

「笑顔がかわいいよ」

「スマイル！ スマイル！」

「笑顔で伝え合う人は、力のある人です」

「さすがです！ ここで深呼吸できるところが素晴らしい」

「深呼吸。だからゆっくり分かりやすい話になるんだね」

などと伝えます。

7/8月

初めてのディベート

ディベートを授業に取り入れる理由

子どもたちがつながり、学級に信頼関係が生まれてきた一学期終盤、私はディベートに取り組みます。

ディベートは「特別な話し合い」というイメージがありますが、決してそうではありません。ディベートは、普段の話し合いとも密接に関連します。

そもそも、話し合いは根拠となる事実を読み取り、自分の立場を明確にするものです。事実をもとに導き出した意見を述べ、相手を納得させるために討論します。

しかし、それだけでは単なる意見の並べっ放し、水かけ論で終わってしまいます。そこには、本当の学びはありません。残念ながら、このような話し合いが横行している教室も少なくありません。

ディベートの場合、意見の違いを明確化させます。自分たちが有利になる事実を挙げながら、相手の意見を批判していきます。ディベートを取り入れるのは、次のような理由からです。

①議論の見通しが持てる

話し合いというと、子どもたちは自分の意見を発表するものと考えがちです。それだけでは、他の意見に十分に耳を傾けることなく、ましてや自分の意見を持てない子は、話し合いそのものに参加しません。相手の意見を聞くことは、話し合いにとってとても大切なことです。

ディベートは、「意見発表」→「反対派からの反論」→「最終意見発表」という流れで行います。相手を説得するには、どのように言えばよいかを考える。どんな反論をぶつけてくるかを理解するために、相手の話を聞く。話し合いには、必ず「相手がいる」と意識するようになります。

また、自分の意見のあとには必ず反論があり、それに答えなければなりません。この流れが身に付けば、普通の話し合いの場でも、突然の反論に慌ててしまうことなく、余裕を持って臨めるようになります。話し合いの流れを見通すことができるようになるのです。

②ルールのある話し合いの価値を学ぶことができる

ディベートでは、自分の主張を相手に納得させるために、「なぜそう言えるのか」という根拠が必要です。肯定側には立証責任が、否定側には反証責任があるのです。例えば、仲のよい友達と席が離れると、すぐに「席替えしろっちゃ！」と騒ぎ出す子がいます。しかし、主張する以上、「なぜ、今、席替えが必要なのか」「席替えをすることで、どんなメリットがあるのか」をみんなに対して立証しなければなりません。独りよがりの身勝手な要求は通じないことを、言い出した本人だけでなく、学級全体も理解するはずです。

ディベートでは、立論者、質問者など全員が明確な役割を担います。このため、誰もが発表する機会が保障されることになります。

さらに、判定者は意見を戦わせる二つの立場を客観的に判定して、勝敗を決めます。どちらの立場でもない第三者的なものの見方は、その後の様々な場面で活きてきます。仲がよい子や数が多いほうに流されるのではなく、自分の意見を大切にし「人と意見を区別する」という考え方になっていくのです。

このように、ディベート能力を普段の授業での討論や話し合いにも意図的に活用していくと、中身のある話し合いができるようになっていきます。

話し合いの中身より型の体験と楽しさを重視

それでは、最初に取り組むディベート学習について紹介しましょう。

子どもたちは初めての体験なので、まず「ディベートは、ルールを明示して行う討論」で、応答関係を楽しむ討論ゲームで勝負を決めることを説明しました。テーマは、社会性のある身近なものを設定します。そこで、「学校のなかにジュースの自動販売機は必要か」について討論することにしました。4～5人の生活班で1グループになると、学級全体でおおよそ8グループになります。グループで肯定・否定双方の応答を考え、二つのグループで肯定・否定に分かれて討論。その他の子どもたちが判定を行います。

グループに分かれた後、まず全員で論題の言葉の定義を決め、共通理解を図りました。

・ジュースのなかにお茶は入るのか
・いつ使用できるのか
・一人何本まで購入できるのか
・売上金の使い道はどうするのか

この後、肯定側・否定側それぞれのメリット・デメリットをみんなで話し合い、そのなかから各グループでメリット・デメリットを一つに絞って立論の準備をします。

ディベートは、次ページの図のような流れで行うようにしました。

判定者はフローシートに肯定側チーム、否定側チームの発表内容を記入しながら、最終的にどちらが勝ちか○×を記入します。○の多いチームが勝ちとなります。

次に戦うチームは、前の戦いでいいなあと思った発表を引用してもかまいません。そうすることで、他チームの話を熱心に聞き、少しずつディベートの質が高まるからです。

ディベートを終えた子どもからは、「相手の反論にドキドキしたけれど、答えられたのでよかった」「全員発表したので楽しかった」などの感想が聞かれました。話し合いはこのように進めていくものなのだと、感じてくれたようです。

初めてのディベートの目的は、何より話し合いの型を体験することです。「みんなと話し合うことは楽しい、また、次もやりたい！」と思うことが大切なのです。話し合いの内容はまだまだだとしてもマイナスにとらえるのではなく、話し合いを終えた子どもたちの充実感を重視しましょう。

〈初めてのディベートの流れ〉

第1ステージ

①肯定側立論 1分
（作戦タイム） 30秒
②否定側質疑 1分
（作戦タイム） 30秒
③肯定側反論 1分

←

第2ステージ

④否定側立論 1分
（作戦タイム） 30秒
⑤肯定側質疑 1分
（作戦タイム） 30秒
⑥否定側反論 1分

←

⑦判定

ディベート指導における言葉かけ

1.「暴言ではなく主張をしよう」
・「意見には理由がないといけません」
ディベートは、声の大きさや日頃の人間関係で左右されるものではありません。根拠を丁寧に述べたほうが勝つのです。ですから、きちんと根拠を伴った主張をさせます。特に、肯定側は最初に議論を起こすのですから、その意味をしっかりと伝えます。

2.「立証責任、反証責任を果たそう」
・「根拠比べのゲームです」
それぞれの立場が、自分たちの意見が採用された場合のメリットや相手の意見のデメリットについて証明をしなければなりません。

「なぜ、そう言えるのか」という根拠を伴った主張をさせます。肯定側には立証責任が、否定側には反証責任があることを伝えます。

3.「相手の意見を読む楽しさを学ぼう」
・「先を読む力が考える力です」
相手チームに勝つことだけが目的にならないようにします。

ディベートの面白さは、相手の意見を「〜と言うのではないか」と予測すること。単純に勝ち負けばかりを気にするのではないことを指導します。

4.「人と意見を区別しよう」
・「試合後に笑顔で、握手のできる人になろう」
感情的になって、相手の人格を否定するようなことがないようにします。

ディベートは、ルールのあるゲームです。両方の立場を体験させます。

人と意見を区別するという、話し合いで大事なことを理解させます。

5.「空白の1分間を黄金の1分間にしよう」
・「反省した人が伸びるのです」
中途半端な準備や話の聞き方では、的確な質問や反論はできません。

持ち時間の1分間で、何もできない状態になることもあります。

その悔しさを次の機会に活かすことで、真摯な学び手に育っていきます。

6.「意見は否定し合うのではなく、成長させ合うのです」
・「つぶし合うのではなく豊かにさせるのです」
相手の意見を否定することだけに、気を取られる子どもが出てきます。

そうではなくて、主張を否定し合うことで豊かに成長させることを意識させます。

そのためにもメモ（フローシート）をもとに、かみ合った議論になるようにします。

7.「Win-Win-Win にしよう」
・「みんなが幸せになれる話し合いをしよう」
勝負にこだわり、相手チームを攻撃しようとしがちです。

そうではなくて、第三者の判定者を説得するために、冷静な議論をするのです。

自分たちだけではなく、相手チームにとっても判定者にとっても、プラスになる議論を心がけさせます。

8.「勝敗は、準備で8割決まります」
・「チームを組んで協力して、仕事ができる人になろう」
その場でどうにかなるだろう、といった安易な気持ちでディベートに臨む子どもがいます。

そこで、準備やチームで協力し合うことの大切さを伝えます。

覚えるだけの学びではなく、「考え続ける」という学びの体験にもなります。

9.「出席者ではなく、参加者になろう」
・「力のある人は、全体のことも考えられます」
チームで行う学習ですが、人任せにしたり自分のことしかしなかったりする子どももいます。事前の準備の間や、ディベート中も互いに協力するように伝え、チームの一員としての自覚を促します。

これが、全員参加の話し合いを目指すことにつながります。

10.「判定者としての責任を果たします」
・「判定にもその人の誠実さが出ます」
なんとなく、印象だけで判定をしてしまうことがあります。そのような無責任な態度を取らせないようにします。責任を持って、メモ（フローシート）をもとに判定の根拠を述べさせます。

9月

子ども主導の話し合いへ

子どもたちの意見を〝見える化〟する

二学期は、子どもたちの話し合い活動にもいよいよ熱が入ってきます。一学期、「話し合いは楽しい」と経験させることから始めました。子どもたちはディベートの体験を通して自分の意見に対して必ず反論が返ってくることを学び、反論に対してどう主張すればよいのか、先を見ながら意見を述べるようになってきます。

そこで大切なのが、子どもたちの意見を〝見える化〟することです。活発に意見を出すうちに自分が何を言ったか、どんな反論があったかを忘れてしまったり、論点から外れたりすることが多々あります。意見を〝見える化〟することで、話し合いをかみ合わせ、意見を整理して話し合いを続けることができます。さらに、一歩進めば、子どもたちが自ら話し合いを進められるようになってきます。

まずおすすめしたいのが横書き黒板です。縦書きよりも横書きにしたほうが、子どもたちは理解しやすいと考えています。「賛成」「反対」それぞれの立場の意見、それに伴う反論、反論への反論などが流れに沿って一目で分かるからです。子どもたちの意見を黒板に残していくことで、一つひとつの議論を活かし、成長させることができます。「さっきはこう述べたけれど、やっぱり間違っていたかな」「○○さんの意見をもう一度読んで、自分も変えよう」というように、意見を客観視できるからです。〝見える化〟された黒板は、写真に撮ってプリントアウトしたものを配付するか、子どもたちに書き写させて、記録がノートに残るようにしておきます。

最初は、教師が黒板にまとめるとよいでしょう。子どもたちには、画用紙やホワイトボードを活用して自分の意見を〝見える化〟させるようにします。慣れてきたら黒板を開放しましょう。〝見える化〟には、子どもたちの個性が表れてきます。イラストを使ったり、マンガにしたり、ときにはパフォーマンスを入れたり……。子どもたち自身による〝見える化〟は、白熱した話し合いの土台になっていく取組です。

話し合いを評価し深める視点

子どもたちの話し合いを活発にするために必要な教師の視点とは何でしょうか。私は次のように考えています。

①話し合いに必要な学習用語を教える

〈例〉「今の を〝視点〟と言います」「〝分析〟と言います」

②話し合いに必要な技術を教える

〈例〉引用、帰納法（根拠を二つ挙げて論証する）の説明など

③白熱するための態度や行動を取り上げ、全員に広げる

〈例〉電子辞書を使って調べたいと言ってきた子、発言するためにもっと時間がほしいと言ってきた子をほめる

最初の頃は話し合いが脱線しすぎないよう、流れをコントロールする必要があります。自分の意見をノートに書いても発表できない子には、他の子の意見と合わせてもっと膨らませたほうがよいことを伝えたり、同じ意見同士で意見を高める場面では、男女、仲がいい子の区別なく話すことを指導したりします。また、学級会などでルールを決める話し合いのときは、いったん決まったことでも、不都合が起これば見直すことを前もって説明しておきます。

話し合いに慣れてきたら教師は、①子どもの視界から消えていく、②黒板を子どもたちに開放する、③自由に立ち歩いて対話を重ねることを推奨するなど、徐々に子どもたちに任せていく姿勢が必要です。

①子どもたちが書いたものを評価する（ノートや黒板、ホワイトボードなど）

子ども主導の話し合いは、次のような視点で評価していきます。

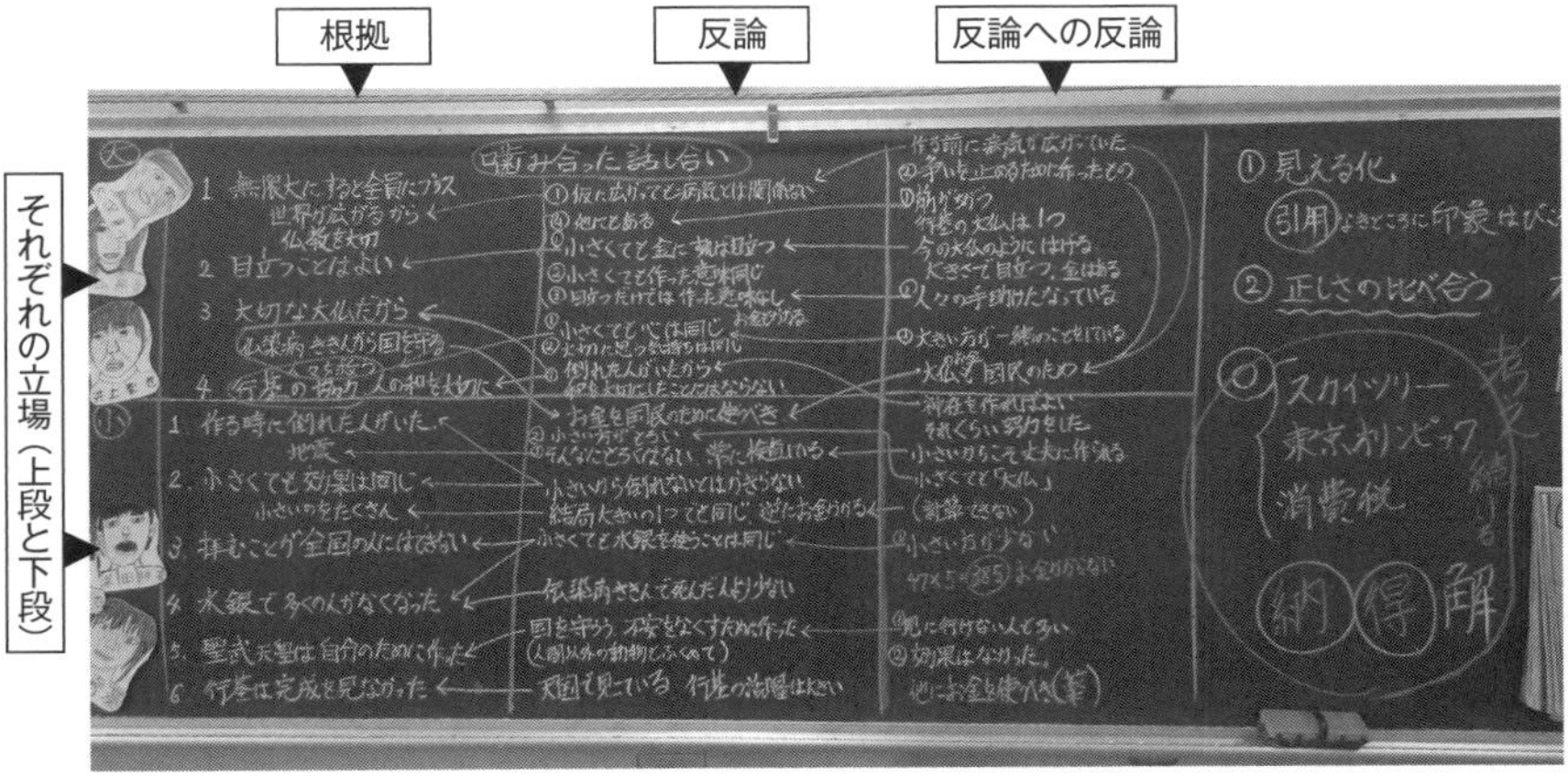

↑話し合いを"見える化"した横書き黒板。

②教師の観察（誰とでもこだわらずに話し合いをしていたか、相手を説得するためにいろいろ調べていたかなど）
③教師の聞き取り（子どもの意見に対して、「どうしてこう思ったの？」と尋ねるなど）
④子ども同士による振り返り（グループで話し合ったり、ノートを読み合ったりする）

このように見取っていくことで、話し合いを教師主導から子ども主導にしていくことが大切です。以前、六年生を受け持ったとき、「宿題か、自主勉強か、どちらにするか」で話し合ったことがあります。中学校進学に向けて、これからどう学ぶかを考えさせるために行ったものです。子どもたちには、どちらの立場かを選ばせ、よいところ（メリット）を二つ、相手の反論（デメリット）を予想して、反論に対する反論を一つ～二つ考えさせました。

「宿題を嫌々やるよりも、自由に学んだほうがいい」という自主勉強派に対し、「自主勉強だと、教科や内容に偏りが出るのでよくない」「一人ひとり違う内容を先生が見るのは大変だ」などの意見が出ました。身近なテーマだったため、どの子も「自分ならどうするか」を真剣に考えていました。話し合いによって、子どもたちはこれまでの自分の学びを問い直し、残りの小学校生活を意識するきっかけの一つになりました。

話し合いの規模を拡大する言葉かけ

①空間を拡大する言葉かけ

・友達の意見を聞いていたら、誰かと相談したくなりますね。
・席を立って必要な話を友達とするのは、ありか、なしか。
・話し合いの輪に友達を誘うのは、ありか、なしか。
・図書室から必要な資料を持ってくるのは、ありか、なしか。
・休み時間も考え続けることは、ありか、なしか。
・家で続きを準備しておくことは、ありか、なしか。
・自分から学ぶために動きましょう。
・必ず教科書、ノートを持って動きます。
・学びに必要なことは先生に聞いてください。
・教室を飛び出すぐらいのダイナミックな学びをしよう。

②人数を拡大する言葉かけ

・横に並ばないで円になります。
・４～５人の円になりましょう。
・10人もの大きな円にはなりません。
・声をかけ合って素早く円になります。
・一人をつくらないようにしましょう。
・同じ人たちとだけ話さないようにしましょう。
・必要に応じて移動します。
・自分だけで考える「一人が美しい」は、ありか、なしか。
・自然にメインの話し合いと、サブの話し合いとに分かれるでしょう。
・フットワーク軽く、スピード感あふれる動きをしよう。

③思考を拡大する言葉かけ

・理由をたくさん出し合いましょう。
・「同じです」「一緒です」をやめよう。
・３個（自分の意見）と３個（友達の意見）を足して、６以上になるようにしましょう。
・理由を詳しく出し合いましょう。
・「～と思います」をやめて、「～です」と言い切ろう。
・「なぜ？」「例えば？」と質問し合いましょう。
・相手の意見を予想しましょう。
・先を読んで反論も準備しよう。
・出し合うだけではなく、新しい意見をつくりましょう。
・何かを決めるために話し合うのです。

④ルール、約束事を確認する言葉かけ

・最初に「よろしくお願いします」、最後に「ありがとうございました」と言います。
・男子女子の区別なく話し合います。
・新しく知った意見は、赤ペンで書き足します。
・必ずリアクションしてあげましょう。
・笑顔で話し合えるようになろう。
・拍手のあふれる話し合いにしよう。
・意見を話せない友達には、フォロー発言をしてあげましょう。
・出てきた意見は「見える化」します。
・理由が崩されたら、潔く意見を変えましょう。
・出席者ではなく、参加者になろう。

10月

即興力を鍛える

即興力は自分らしさを発揮する力

これまで何度も触れてきましたが、全国の様々な教室を見るなかで、最近とても気になることがあります。教室の空気が硬く、動きが遅いことです。これは、知識や技能重視の一斉指導観の表れではないかと思います。

例えば、ゲストティーチャーに子どもが感想を述べる場面がありますが、事前に感想を書かせ、発表の練習までさせることがあるようです。ときには、教師が感想を修正することもあるというのです。体裁を気にするような教室に、新たな発見や本物の学びは生まれません。

拍手をしたり相手と向かい合って話し合ったり、体全体を使って表現したり。こうした教室は空気感が柔らかくてスピード感にあふれています。ある実験によると、さっきまで床に手が着かなかった子が、誰かをほめた後で前屈をすると、手が着くようになったといいます。ほめ合うことで関係性が生まれ、リラックスすることで体の緊張感がほぐれたということでした。

空気の硬い教室は、授業で変えていかなければなりません。パフォーマンスを伴った言葉かけや、コミュニケーション力を高める活動で、子どもたちの心をほぐしていく必要があります。

コミュニケーション力を高めるために外せないのが、「即興力」です。

即興力と言うと、深く考えずにその場の思いつきで発表するようなイメージを持たれるかもしれませんが、それは大きな間違いです。

誰かが発表したことをよく聞き、その意見に対して的を射た質問をする。その質問に対し、きびきびと答える。その答えに対し、また新たな質問が出る――すべて即興力が必要なのです。即興力は、どのように返せばいいか、その場で判断し、機敏に対応する力です。自分の言葉で伝える力であり、自分らしさを発揮する力なのです。

発表する場面で一人が意見を言うと、「○○さんと同じです」「△△さんと一緒です」と続けるシーンを多くの教室で見かけます。これでは、話し合いはそこでストップしてしまいます。

こんなときこそ、即興力を高める言葉かけをしましょう。教師が先手を打って、「『○○さんと同じ意見です』という答えはあり得ませんね」「みんなが拍手をすると、□□さんは絶対に意見を言いますよ」と、次の子が自分なりの意見を言わないわけにいかない状況をつくるのです。そしてその子が意見を出したら、「□□さんらしさが意見に出ていますね」とほめます。

こうしたことを繰り返すなかで、子どもたちは自分の意見を言ってもいい、むしろ言うことが大事なのだと実感していきます。他の子が意見を言ったとき、その場に適した質問ができるようになっていきます。すると、子どもたちの表情が柔らかくなり、どんどん活動的になっていきます。学級にほめ合い認め合う雰囲気が生まれると、教室は温かくなるのです。

即興力を育てるには、授業中に教師が言葉かけをし、意識的に即興の場面をつくっていく姿勢が大切です。

学習ゲームで即興力を伸ばす

授業のなかで即興力を伸ばす初歩的な取組としておすすめしたいのが、コミュニケーションゲームです。楽しめるのはもちろん、緩やかな〝勝ち負け〟を設定することで、「もっと頑張るぞ！」という気持ちを持たせることができます。テンポよく進めることで、子どもたちの動きにスピード感」が出てきます。「瞬時に行う・その人らしさが出る・お互いが発見し合うものが多い」がゲームのキーワードになります。

一例として「なぜ・なぜならゲーム」を紹介しましょう。

ペアになって、聞き手と答え手になります。聞き手は、答え手の返事にひたすら「なぜ？」と聞いていきます。

聞「給食は好きですか？」

答「はい」
聞「なぜ好きなのですか？」
答「健康にいいからです」
聞「健康にいいのはなぜですか？」……

質問も答えも3秒以内で行います。答えに対し、「なぜ？」と繰り返し質問することで、答え手も即興で答えを考える場面が増えてきます。詰まったら交代。理由をたくさん言えたほうの勝ちとなります。繰り返すうちに、聞き手も最初の質問に工夫を凝らしてきます。

以前取り組んだとき、「電信柱の貼り紙は好きですか？」からスタートしたペアがいました。ゲーム後、電柱の貼り紙に注目しながら街を歩く姿が見られたことは言うまでもありません。

慣れてきたら、答え手が「なぜなら」の理由を三つ答えるルールにしてもいいでしょう。次の質問も幅が広がり、いっそうダイナミックに展開させることができます。

終了後には必ず振り返りを行います。「笑顔で取り組んでいた」「聞き手と答え手の切り替えスピードが速かった」「相手の言葉を引用して質問した」など、子どもたちの様子を価値づけてほめ、人と関わり合うことの楽しさを意識させます。子どもたちに成長を自覚させるのです。

子どもたちは、①ゲーム内容の面白さ、②相手への理解、③自分自身の発見、④みんなで取り組むことの楽しさ、の4点に気付くでしょう。また、最初に結論を言い、理由を整理して三つ話す経験は、あらゆる発表の場面で活用されていきます。

ゲームを通して身に付けた即興力はコミュニケーション力を高め、話し合い活動はもちろん、日常生活のなかでも活きてきます。そして、みんなで盛り上がる学びを経験した子どもたちは、その後の学び方を大きく広げていきます。

「なぜ・なぜならゲーム」で質問や答えを楽しむうちに、即興力が鍛えられる。

ノートに書いていないけど…
えっと…
私は40㎝くらい…カワセミは

即興力を鍛える言葉かけ

非言語

・よい拍手は、「強く、細かく、元気よく」です。
・（発言を聞く前に）みんな、拍手の用意をしておこう。
・みんな立ちましょう。○○さんに拍手！（スタンディングオベーション）
・隣の人と５秒間相談しましょう。
・相談するときは口を開けるのです。
・切り替えスピードを速くしましょう。
・パッと反応しましょう。
・腰を浮かせて話し合いましょう。
・自分から友達のところに行きましょう。
・笑顔で話し合いましょう。
・最高の笑顔を３秒間、隣同士で見せ合いましょう。

理由

・理由には自分らしさが出るのです。
・あなたらしい理由ですね。
・一人ひとりの理由を聞き合える学級は素晴らしい。
・自分らしさを発揮し合える学級ですね。
・理由は自分らしさの発揮ですね。
・理由を言い切れるところが、あなたの成長です。
・○○さんらしい理由を聞きましょう。
・みんなで学び合える学級は、理由がたくさん出ます。
・○○さんの理由の○○さんらしさに気がつきましたか。
・○○さんらしい理由だと思う人は、拍手をしましょう。
・○○さんらしい理由だと思ったら、大きくうなずきながら聞きましょう。

挑戦

・理由がないというのは、逃げていることです。
・○年生だったら書かなくても話せます。
・ここで手が挙がる人は、やる気のある人です。
・まさか、理由がないということはありませんよね。
・５秒で理由をつくりましょう。
・「同じです」「一緒です」はないはずですよね。
・（列指名後に）理由が同じということはありません。
・立場を決めたら理由は考えられるはずです。
・（聞き手に対して）同じ理由はないはずだよね。
・「理由は三つあります」で話してみよう。
・きっとしつこいぐらいに丁寧な説明をするでしょう。

ユーモア

・○○さんは、みんなの勉強のためにあえて間違えたのですね。
・ここであえて間違えて、みんなを笑顔にしたところがいい。
・ここでわざとはずしたところがさすがです。
・（明らかに間違えた子どもに）ギャグはいいからもう一度。
・（明らかに間違えた子どもに）あえて間違える、腕上げたなあ。
・「少し自信はないのですが……」から話そう。
・「わたしは、今までの人とは違うのですが……」から話そう。
・一番聞いていない人をガン見しながら話してください。
・（教室内にあるビデオカメラを指し）カメラ目線で話してもいいですよ。
・頑張っているんだから、私にも拍手がほしいよね。
・（身ぶり手ぶりで）手にも、ものを言わせましょう。

11月

ディベートの質を高める

かみ合った話し合いを意識させる

ディベートに初めて取り組んだとき、子どもたちは「こういう話し合いもあるんだ」「勝負を決めるのが面白い」など、ルールのある話し合いの楽しさを学びました。

次のステップでは、立論をより論理的な内容構成にするディベートを行います。あらかじめ争点を決めて立論するようにさせ、肯定側、否定側の負担が同じになるメリット・デメリット比較方式で行います。

話し合いでは、証拠となる事実を読み取り、自分の立場を明確にします。事実をもとに導き出した意見を述べ、相手を納得させるために討論します。主張の強さ＝事実（証拠）×意見（重要性、深刻性）であることを示すのです。

ディベートの場合、特に、この意見の違いを明確化させます。自分たちが有利になる事実を挙げながら、相手の意見を批判していきます。

このとき、自分が導き出した立場には、どのような重要性（メリット）があるのか、そして相手の立場には、どのような問題点・深刻性（デメリット）があるのかを述べることで、相手を納得させていきます。

そのためには、しっかりした準備が必要になります。自分の主張を裏付ける理由づけや相手の反論を予想して反駁《はんばく》（相手の主張や批判に対して論じ返すこと）を考えておくことが大切です。

事実を前面に出し、お互いの意見を言い合うだけでは、単なる意見の並べっ放し、水かけ論で終わってしまいます。そこには、本当の学びはありません。一見、白熱しているように見えますが、現象としてそう見えるだけで、話し合いが深まっているわけではないのです。

当然、議論している二組以外の子どもたちが務める審判も、同じ視点で判定をする必要があります。どちらがより重要性・深刻性がある意見を出していたかを見極める必要があるのです。

こうして考えると、ディベートにおいて最も大切なことは、かみ合った話し合いができているかどうかにあります。かみ合った話し合いを行うためには、相手の話をしっかり聞き取る聞く力や、議論がどう流れているかをつかむメモ力、作戦やフォローを行うチーム力、そして相手の意見を踏まえる引用力などが必要になります。

学校に自動販売機
を置くことには
反対です　理由は…

ディベートには話し合いの大切な要素が凝縮されている

では、「奈良の大仏は小さくてもよかった。賛成か反対か」の議題で行った、社会科のディベートを紹介しましょう。ディベートは次のように進めました。

①　肯定側立論
②　否定側質疑
③　否定側立論
④　肯定側質疑
⑤　否定側第１反駁
⑥　肯定側第１反駁
⑦　否定側第２反駁
⑧　肯定側第２反駁
⑨　判定

ディベートを通して、話し合いの価値や、技術の基礎を学ぶことができる。

最初の意見、１回目の反論、２回目の反論をお互いに繰り返していきます。まず、それぞれの立場を決めて、自画像マグネットを貼り付けてスタートしました。黒板に自分の意見を書き、どの意見に対しての反論かが分かるように矢印で示します（下写真）。こうすることで、子どもたちは他の意見を引用しやすくなります。

「小さくてよかった派」の「ケガ人や水銀で死んだ人が増えた」という意見に対して、「大きくてよい派」は、「行基に賛同していたのだから、死ぬことを恐れていない」と、事実をもとに反論しています。

それに対して、「小さくてよかった派」は、「（ということは）行基がいなかったらしなかった。（そもそも）それだけ納得できないことであった」と再反論しています。尊敬する行基が言うから協力しただけで、聖武天皇の大仏を造ろうという呼びかけに賛成していたとは言い切れないという意見です。

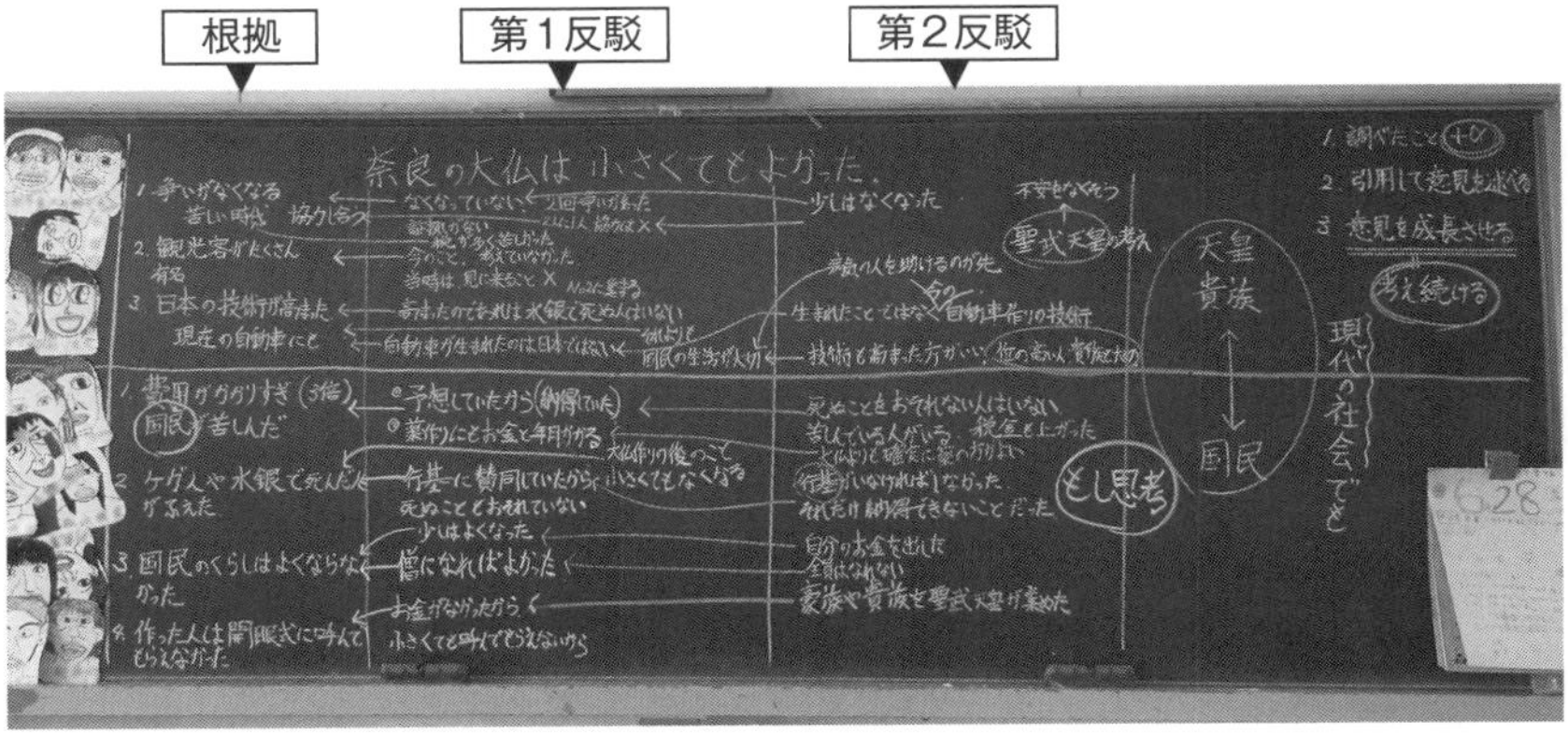

相手の意見を引用したことが一目で分かる黒板。

子どもたちは安易に相手の意見に納得せず、引用して反論し、自分の立場を最後まで貫きました。他の意見にも同じように反論し合って、議論が進んでいきました。

ディベートは、20分間ほどのなかに、話し合いの大切な要素が凝縮されています。ディベートの経験を積み重ねることで、子どもたちは意見をかみ合わせる必要性を学びます。「事実」を挙げてお互いに反論するなかで、相反する立場の「事実」を比べ、どちらのほうがより重要か、相手の立場のデメリットは何かを突くようになるのです。反論された側も、自分の意見と相手を比べてさらに反論します。こうしたターンアラウンドを通して、話し合いの質はいっそう深いものになっていきます。

さらに、判定する立場になることで、話し合いを冷静に見ることができるようになり、〝人と意見を区別する〟ことの大切さを実感するのです。勝ち負けへのこだわりから、より深い議論の重要性に気付くことで、その後の話し合い活動がますます活発になっていきます。

ディベートで意見をかみ合わせるための言葉かけ

1　意見

・主張には根拠を必ずつけよう。
・勝敗は準備で８割決まります。
・試合で使われない準備もあるのがディベートです。
・チームで「協力と分担」を合い言葉に頑張ろう。
・データ勝負です。フットワーク軽く根拠を集めよう。
・最初の立論は強い球にして相手に投げるのです。
・主張プラス根拠で、立証責任を果たすのです。
・肯定側はメリットとその重要性、否定側はデメリットとその深刻性を述べます。
・出す声でコミュニケーションの責任を果たそう。
・後に質疑や反論されることを考えて立証しよう。

2　質疑

・この時間の主導権は質問する側にあります。
・「〜か」の質問ではなく、「〜ね」の確認の質問もしよう。
・相手の意見をメモをしていないと、引用して質問できません。
・質問をするのです。意見を言う場ではありません。
・自分たちの立場を意識して、ずれた質問をしません。
・質問さえも相手の意見を読んでいれば準備できます。
・素直に分からないことを質問すればいいのです。
・「はい」か「いいえ」で相手が答えないといけないような質問にしよう。
・一問一答だけではなく、連続質問をしよう。
・相手ばかりを意識しないで、審判を意識して質疑をしよう。

3　反駁

・反駁は、「引用・否定・理由・結論」の４拍子です。
・「〜と思います」ではなく、「〜です」と言い切ろう。
・「引用なきところに印象はびこる」です。引用しなさい。
・理由の説明を審判に伝わるように丁寧にしなさい。
・「だから」で、結論をはっきりと言いなさい。
・相手の根拠を否定します。反証責任を果たすのです。
・審判に伝えるのです。人と意見を区別するのです。
・準備していないことへの反論は、自分のなかでつくるのです。
・チームメンバーは、口頭でのアドバイスはだめですが、紙に書いて渡すアドバイスは OK です。
・作戦タイムを有効に使えるチームになろう。

4　判定

・根拠をどう否定し合ったかを判定します。
・フローシートをもとに行います。
・判定にも当然ですが理由がいります。
・判定する者が一番勉強になります。
・判定の理由にも自分らしさが出てきます。
・まず自分で判定して、その理由を考えます。
・両チームのよさも言えるようになろう。
・どこをどうすればよかったのかのアドバイスも言おう。
・議論の流れを追いながらコメントを述べよう。
・フローシートで議論を振り返りながら話すことは、思考の幅を広げます。

5　メモ

・発言内容をすべて記録するつもりで書きましょう。
・矢印で議論をつなぎましょう。
・キーワードを意識して書きましょう。
・「議論を読む」力がついてきます。
・メモをしないと意見が言えないことを体験しよう。
・自分の意見に左右されない無心で聞こう。
・慣れるとオリジナルのメモの仕方が出てきます。
・肯定側と否定側で色を変えると、議論の流れが分かりやすいです。
・メモ力で言葉を大切にする自分を育てよう。
・話された議論の内容で、客観的に判断する力を磨いているのです。

12月

白熱する話し合いを生み出す

一人ひとりが自分の意見を明確に持つ

これまでディベートや話し合いを少しずつ発展させてきました。いよいよ、その成果が出てきて白熱した話し合いができる時期です。

話し合い活動の多くは、生活班でのグループに分かれて行うことが多いようです。班ごとに話し合って一つの意見に集約していくやり方です。しかし、これでは白熱した話し合いにはなりません。本来、人はそれぞれ異なる意見を持っているはずです。たとえ同じ立場だとしても、とらえ方や考え方に違いが出るのは当然です。それを単純に生活班で分け、意見を集約していくやり方は、安易で乱暴なのではないでしょうか。

大切なのは、一人ひとりが自分の立場をしっかりと決めることです。私の場合、まず自分の考えをノートに書かせます。次に、子どもたちから出た意見を板書し、自分が考えた立場のところに自画像マグネットを貼らせるようにしました。この時点で、同じ考えの者同士のグループが生まれます。グループで話し合う場合、なぜAがいいのか、他のBやC、Dの意見はなぜ違うのかという二つの理由を示し、意見の根拠を明確にさせます。意見をまとめるというより、一人ひとりの意見を強化するといったほうがよいでしょう。そしてグループで意見交換をした後、各自の席に戻ります。席は机をくっつけたりせず、普通のスクール形式のままにします。チームごとに席を固めると、熱が入れば入るほど、他のチームの意見をきちんと聞かなくなってくるためです。

さらに、一つの意見に偏りすぎるときは、「散歩する人はいませんか」と、あえて対立する意見に移動するように促してもよいでしょう。

話し合いは、子どもを大きく成長させる

いよいよ話し合いのスタートです。発表は、「～だと思います」は認めず、「です・ます」で言い切るように指導します。根拠を明確にし、自分の意見に責任を持たせるためです。また、「人と意見を区別する」ことを再確認しておきます。話し合いが進むと、ついヒートアップし、ややもすると人格攻撃をしてしまう子がいるからです。

最終的にAチーム対Bチームの二大論争にするため、まず少数派のDチームをつぶします。A・B・C対Dという構図になります。Dチームが根拠を述べているとき、A・B・Cチームの子ど

もたちは自分の席で聞きますが、やがて同じ意見の者同士で確認し合うため、席を立とうとする子どもが出てきます。これは自分勝手な行動ではありません。白熱への第一歩なのです。

・席を立って作戦会議をしに行く。
・話し合いが連続してくると、前の意見は消えてしまいがちになるので、「見える化」して残しておく。
・図書室に行ってさらに調べようとする。
・もう一度、チームで話し合いたいと願い出る。

　このような行動が出てきたらほめて学級全員に伝え、話し合いを加速させるように教師が挑発します。自由に立ち歩き意見を交わしたら、最後にまた着席させ、Ｄチームの意見をしっかり聞くようにします。

　一方、Ｄチームには、他のチームの反論に納得したら、潔く意見を変えるように促します。考えを変えるのは、それだけ考え抜いた証拠であり、堂々と変えればいいのだと価値づけることが大切です。ただし、反論に納得しきれずにいるときには、無理に変えることを強要せず、自ら納得できるまで待つ姿勢も必要です。

話し合いが加速してくると、子どもたちが大きく成長する場面が出てきます。これまで、まじめで力があってもなかなか表舞台に出てこなかった子が、矢面に立つことがあるからです。

国語の読み物教材「やまなし」で話し合ったときのことです。意見を戦わせた結果、Mさんが最後の一人になってしまいました。Mさんは学力は高いのですが、どこか冷めていて、他の子にあまり関心を持たないところがありました。みんなに同調しようかどうしようかと揺れ動いているMさんを見て、私はあえて矢面に立たせる時間をつくることにしました。みんなから反論を浴びるなかで、Mさんは何度もつっかえながらも自分の意見を言い切ることができました。

最後に、意見を変えたとき、Mさんは満足した表情をしていました。一人で意見を言えたことが自信につながったのでしょう。その後、話し合いや様々な場面で、Mさんは積極的に意見を述べるようになりました。打たれ強くなり、たくましくなった彼女の成長を実感しました。

子どもたちは誰もが、教室のなかで自分の居場所を見つけようとしています。ディベートや話し合いの基礎を学び、価値語を知るなかで、成長のための様々な環境が整備されていきます。この時期にダイナミックな話し合いの活動を取り入れることで、子どもたちが一皮も二皮もむけて成長するのです。

話し合いで最も大切なのは、〝正解〟を出すことではありません。話し合いの〝形〟を教えるだけでは、白熱した話し合いにはならないのです。話し合いが加速してくると、最初はノートに書いたことだけしか発表できなかった子が、即興で意見を言えるようになります。みんなを納得させるために、分かりやすく資料を作成してくる子どもたちもいます。

自分の考えを明確にし、他の人との違いに気付く。意見を戦わせながら、他の人を認めていく。他の人と意見を区別して自分の考えを出しても、また反論されても大丈夫だという居場所を見つける――そういう教室でお互いが成長する面白さを見つけることが、話し合いなのです。一人ひとりのこうした変容をこそ、教師は評価すべきです。

自由に立ち歩き、いろいろな意見を交わすことで、話し合いを深めていく。

学級全体が白熱する言葉かけ（多少、挑発的な要素が出てくる）

意見を変えることを促す

・（反対の立場に）散歩に来る人いませんか。
・どちらからでも意見を言える人が、論理的な思考力のある人です。
・「潔く変わる」は価値語です。
・「理由がない」はいじめと一緒です。
・話し合いは、根拠比べです。
・人と意見を区別して話し合います。
・「参りました」と言える人は立派です。
・変わる理由を堂々と話しなさい。
・変わった人も、よく考えている証拠です。
・変わった友達を拍手で称えられる学級になろう。

意見を変えないよう促す

・負けないで粘る強さを持ちなさい。
・意見は反論です。意見はつくるものです。
・納得するまで考え続ける人になろう。
・腹の底から納得するまで考え続けるのです。
・チームで作戦会議をしなさい。
・ここでチーム力が問われるのです。
・納得解の話し合いにゴールはありません。
・反論に耐えることで強い学び手に成長します。
・相手の意見に「なぜ？」と問い続けなさい。
・「一人が美しい」を目指しましょう。

二大論争に導く

・一番少ない意見からつぶしなさい。
・あなたの意見はつぶれました。
・カッコよく意見を変えましょう。
・場の空気を読んで、意見を変えなさい。
・何度意見を変えてもいいのです。
・意見を変えたいという人はいますか。
・学級みんなで二大論争に持ち込もう。
・意見が二つになるから白熱する教室になるのです。
・相手が納得するように全力を傾けなさい。
・話し合い力は、学級力です。

変容に対して評価する

・話し合いは、新しい気付きや発見を求めるのです。
・知識よりも自分の変容を大事にしましょう。
・変容は、あなたの成長です。
・お互いに影響を与え合う学びですね。
・誰の意見で変わったのか書きましょう。
・この時間で考えが変わった人はいますか。
・友達がいたから変容したのです。
・意見の変容と自分の内側の変容を大事にしましょう。
・対話的な学びが自分を成長させてくれるのですね。
・これからも考え続ける学びを大事にしましょう。

1月

オープンエンドの話し合い

オープンエンドで個の学びを育てる

通常の授業は、めあてに沿って活動させ、子どもたちが理解したかどうかをまとめさせて終わる形をとっています。1時間完結型のクローズエンドです。

私がまだ20代の頃、師匠である桑田泰佑《やすすけ》先生に、有田和正先生の「オープンエンド」の授業について教えてもらいました。さっそく有田先生の本を読み、いつか自分も「オープンエンド」の授業をしてみたいなあと漠然とあこがれたものです。

その後、30代になってディベートに取り組むと、1時間の授業では時間が足りないことに気付きました。2時間続きで活動できないときは、次の国語の授業までまたがるため、必然的にオープンエンドにならざるを得なかったのです。

しかし、この授業と授業の間は、私が考えていた以上に、子どもたちの学びを意欲的にしました。次回のディベートに備えるため、休み時間に図書室で調べるだけではもの足らず、家に帰ってからも図書館やインターネットで調べ、休み時間は自分が調べてきたことを出し合う場になっていたのです。その結果、ディベートはより深いものとなり、授業後も話し合いを続けている子どもが何人もいました。

ディベートは勝負を競うものですが、子どもたちは勝ち負けよりも、自分の考えを深めたり相手の意見を聞いたり、相手とやり合う楽しさを実感したようでした。話し合いでは、どんな意見を言っても認めてもらえる、自分の意見に対して必ず誰かが意見を返してくれる、だから、誰もが主役になれることを肌で感じたのでしょう。

「学び続ける」姿勢を評価する

生活班などの4～5人グループで話し合い活動に取り組む先生も多いと思いますが、1時間では十分な話し合いができず、表面的なもので終わってしまうことも少なくありません。こうした話し合いは、限られた時間のなかで少しでも早く〝正解〟に近づくためのものになりがちです。子どもたちは「いいことを言わなきゃ」「話し合いのルールを守らなきゃ」と正解を導くことに終始し、なかには全く意見を言わない子も出てくるでしょう。

このように、時間やルールで制限されたなかでは、本音や自由な意見が出てくるわけもなく、話し合いの楽しさを経験することもできません。

一方、オープンエンドの話し合いの場合、〝間〟を使って自由に調べることができるので、子どもの数だけ意見も出てきます。なかには、的外れでとんちんかんな意見を出してくる子もいるでしょう。

国語教材の「やまなし」の話し合いがだいぶ進んだ頃、ある子が「クラムは英語でハマグリという意味があるから、クラムボンはハマグリだ！」と発言しました。そろそろ意見も出尽くしたところだったので、苦し紛れと言えばその通りですが、周りの子どもたちはその意見を笑うことなく、ハマグリ説には無理があることを伝え、真剣に論破していました。もちろん、発言した子も反対意見に納得して潔く引きました。

このように、自由度が高いと様々な意見が出てきますが、その分、質問や反論も多く出されます。つまり、調べたことを理解し、自分のものにしなければつぶされてしまうのです。自分の意見を押し通すためには、きちんと理解し、反論にも負けない強い精神力が必要になります。いつも場数を踏んで強くなってくると、「みんながAの意見だから、私も変えよう」と安易に自分の意見を変えることはしなくなります。「人と意見を区別する」が学級に根づいていれば、そういう子と意見を戦わせても、個人を責めることはありません。だからこそその子も、心から納得したとき、「自分がだめなのではなく、意見がだめなんだ」と素直に変えられるのです。

一学期の話し合いでは、みんなにやり込められて降参し、意見を変えていく子のほうが多いのですが、二学期以降は、納得して自分から潔く変わる子が増えてきます。

ある話し合いで、学級が真っ二つに分かれて意見を戦わせていたときのことです。どちらの意見も一歩も引かず侃侃諤諤《かんかんがくがく》とやり合っていたとき、突然A君が、相手側の意見に変えたいと理由を述べ始めました。今までの意見グループからは、「えーーっ！」と大きなブーイング。そのとき、同じグループにいたM君が、力を込めて「これが討論だよ！」と言いました。M君の言い回しにみんな大笑いし、「そうだね。自分が違うと思ったんだから、いつまでもしがみついていたらいけないね」と納得して収まりました。

授業以外の場で調べて自分の意見をつくり、集団の話し合いのなかで全力で意見を述べ合う。反論したり反論されたりを繰り返しながら、ときには潔く自分の意見に見切りをつける。こうした話し合いを通して、子どもは、常に自分のなかで考え続けているのです。

話し合い活動を評価するときは当然、「学び続ける」姿を視点に入れなければなりません。普通に1時間で話し合ったとき、授業の終わりに振り返りの感想を書きますが、それは「考えた」でおしまいであり、「考え続ける」にはつながっていきません。1時間では全員が深く学ぶことはもちろん、本音で対話をし、主体的に関わることも難しいでしょう。振り返りの感想文だけでなく、授業外の活動についてもしっかりと評価することが大切です。

とは言え、授業外の活動を教師がすべて見ることはできません。活動内容を書かせたり、子どもたちにインタビューをしたり、子ども同士の評価を入れてもよいでしょう。正解を出すこと以上に、そこへ至る筋道こそが大切であることに気付くはずです。

「やまなし」での白熱した話し合い。教室のあちこちで、〝同時多発〟的に話し合いの輪ができている。

オープンエンドで個人の振り返りを促す言葉かけ

授業外

【家庭で】

・授業と授業の間で準備している友達がいます。
・授業後に、学校外で次の準備をすることは当然「あり」ですね。
・家でも準備していたら、次の授業でスタートダッシュができますね。
・「授業中に考える」というだけでは、勝てないかもしれませんね。
・（地域の）図書館やインターネットも活用するフットワークの軽さがポイントです。
・一日すべてを使って学び続けるその姿が素晴らしい。
・考え続けるのは授業中だけではありません。

【朝、登校して（始業前）】

・大人の人で会社に来て朝から遊んでいる人はいません。大人ですね。
・朝の時間もチームの作戦タイムなのですね。
・これが本物の強いチームワークなのでしょう。
・さすがです。ランドセルを片付ける前に学び合う小学生は日本のなかにもそうはいません。
・君（たち）の学び続けるその姿が輝いています。
・今日も授業での活躍が楽しみですね。
・「先手必勝」「先んずれば人を制す」とはこのことですね。

【休み時間】

・休み時間も学びの時間なのですね。
・休み時間は、次の授業への準備でもあるのですね。
・頭のなかが白熱しているから今も学び続けているのですね。
・学校の図書室もパソコン室もいつも開いています。
・学ぶことを楽しんでいるその姿が美しい。
・考え続けることにゴールはありませんね。
・学ぶ気持ちがあれば先生もつき合います。

授業

【授業中】

・考え合え、白熱せよ、そして、考え続けろ！
・理由には、自分らしさが出るのですね。だから、理由は人と違っていいのですね。
・主語を、「私は」にして書きましょう、話しましょう。私が考えるのです。
・「同じです」「一緒です」は言いません。意見をつくり続けるのです。
・自分のなかで「なぜ？　なぜ？」と考え続けるのです。疑い続けるのです。
・意見とは、反対することです。反対意見を言い続けることに挑戦しよう。
・一人でも考え続けることのできる人になろう。みんなと勉強するのはそのためです。
・みんなとの対話の白熱と、それを受けての自分のなかの白熱を楽しもう。
・「一人ディベート」のできる自分になろう。自問自答するのです。
・友達との対話を通して、変化している自分を大事にしよう。

【授業後の振り返り】

・みんなの意見を聞いてあなたはどう考えますか？
・友達の意見を引用して自分の考えを書きます。
・友達の意見を引用し、「しかし」で続きを書きなさい。
・友達から得た情報を自分のものにするのです。
・「次」はどうするのかを考えて決めよう。
・友達との関わりを通して自分も成長しているのですね。
・自分と相手、学級みんなが「Win-Win-Win」の関係になるように考えよう。

【単元後】

・納得解にゴールはありません。
・ノートを読み返して学びを振り返ります。
・自分の成長を、箇条書きで50個目指して書こう。
・自分の学びの変容を語れるようにしなさい。
・自立した学び手に成長していますか？
・次の対話・話し合いでの自分のイメージを持とう。
・人は、人との対話を通して考え続けるのですね。

2/3月

他者とともに考え続ける「人」を育てる

挙手やワークシートからダイナミックな学びは生まれない

「主体的・対話的で深い学び」について書かれたたくさんの本が書店に並んでいます。私もいくつか手に取ってみたのですが、ペアやグループでの活動以外の時間は、相変わらず挙手・指名で進む授業例が多い印象を受けました。挙手・指名が中心となる授業は、絶対解を求めるものになります。せっかく子ども同士の活動を入れても、結局は正解を求める従来の授業観、つまり教師が知識を教えるものと何ら変わりません。

さらにそれらの授業は、自分の考えや話し合った結果をワークシートに記入する……と続いていくのですが、ワークシートの活用自体が子どもたちの学ぶ意欲を削いでしまいます。学び合ったのに、その出口が「このとき、主人公はどんな気持ちだったか」の解答欄の答えを埋めていくものだとしたら、そこにダイナミックな学びは生まれません。

公立小学校教諭として最後に受け持った六年生の国語の読み物教材「海の命」で話し合いをしたときのことです。「主人公の太一の気持ちがガラッと変わったのはどこか」について話し合いました。

様々な意見が出たとき、Ｏ君が「みなさんは、行動の前に何があると思いますか？」と意見を述べました。「〝判断〟だと思う」という答えを聞いたＯ君は、「僕は〝気持ち〟だと思います。だから……」と自分の意見を続けて述べました。ワークシートに書き込むだけでは、このような個々の学び方やとらえ方は埋もれてしまい、出てこなかったと思います。

答えを導くために、自分はどのように考えたのか、そして、その意見をみんなにどのように表現すれば伝わるのか。思ったことや考えたこと、ひらめいたことや表現方法を一人ひとりに意識させることが、学び続ける子どもを成長させていくのではないでしょうか。近道で正解を出すことだけが学びではありません。対話を通して、お互いの考え方の不十分さを指摘し合い、自分ならではの学び方を理解してもらおうとする姿も、また、大切な学びなのです。

表現方法や伝え方にも、その子らしさが出る

ある小学校で参観したとき、ちょうど五年生の学級で、国語の物語教材「大造じいさんとガン」の授業をしていました。「大造じいさんの気持ちが大きく変わったところはどの文かを考え、理由を述べましょう」と先生が発問しました。すると、ある子が主軸になる文とその前の一文、二

つの文を挙げました。3年目の若手の先生の発問が「文を一つ選ぶ」と明確に示さなかったため、テーマの定義がずれてしまったのです。

そこで、急遽、前の文を入れるか入れないかについての話し合いが始まりました。そして15人中、10人が「入れる派」に賛同しました。「前の文がないと、どう変わったか分からない」という「入れる派」に対し、「先生は『文』と尋ねたのだから、一つだけ選ぶべきではないか」という「入れない派」が反論。そこで、「入れる派」に反論を促してみると、一人の子が「大造じいさんはハヤブサを狙っていたかもしれないから」と答えました。急に自分に振られたので、ついとんちんかんな意見を出してしまったのでしょう。残念ながら、ここで授業の終了時間になってしまい、再反論まではいきませんでした。

授業後、先生は自分の発問の曖昧さを反省していましたが、私は、話し合いにもっていったことはとても面白かった、と感想を伝えました。

前項でも触れましたが、話し合いが過熱すると、自分の意見をなんとか通そうと、苦し紛れにとんちんかんな意見が出ることが多々あります。それに対し、その意見には無理があることを相手が示し、論破していきます。授業の話し合いの場がディベートの場になるのです。このような即興性は、挙手・指名やワークシートで進める授業からは決して生まれません。

とんちんかんな発言をしたとき、すぐに否定したり、あるいはスルーしてしまう教師も少なくありません。授業時間を無駄に使ってしまう、違う流れにもっていってしまう〝困った〟発言だととらえてしまうのでしょう。

しかし、子どもたちが試行錯誤しながら自分の学びを見つけていくなかでは、こうした発言が出ても不思議ではありません。その子なりに考えひねり出したものを、教師がひねりつぶしてしまうのではなく、子どもたちの話し合いにもっていったほうがずっと建設的です。とんちんかんな発言は、むしろ必要だと考えましょう。

子どもたちは自分の意見を述べては反論され、さらに反論していくなかで、自分の学び方や考え方をどんどん磨いていきます。読む力が鍛えられ、話し合いもレベルアップしていきます。このような話し合いを重ねながら、自分の学び方を見つけていくことにつながるのです。

以前勤務していた小倉中央小学校に授業参観に来られた先生が、子どもたちのノートを見て「それぞれが独自のノートをつくっていて、どれも個性的ですね」と話されたことがありました。人それぞれの意見が違うように、表現の仕方も異なります。

イラストにしたり、ホワイトボードに図を描いたり、丁寧な文章を書いたり、具体物を持ち込んだり。話し合いの際、子どもたちはそれぞれが工夫して発表していました。こうした表現方法や伝え方に自分らしさを出せるように促すことも必要だと思います。

自分らしさを発揮し個性的な表現をすると、話し合いはますます熱を帯びてきます。教室が動いていることを実感します。一人ひとりが温かくつながり、お互いが磨き合う姿を見ていると、本当に「教室は生き物」だと実感できます。

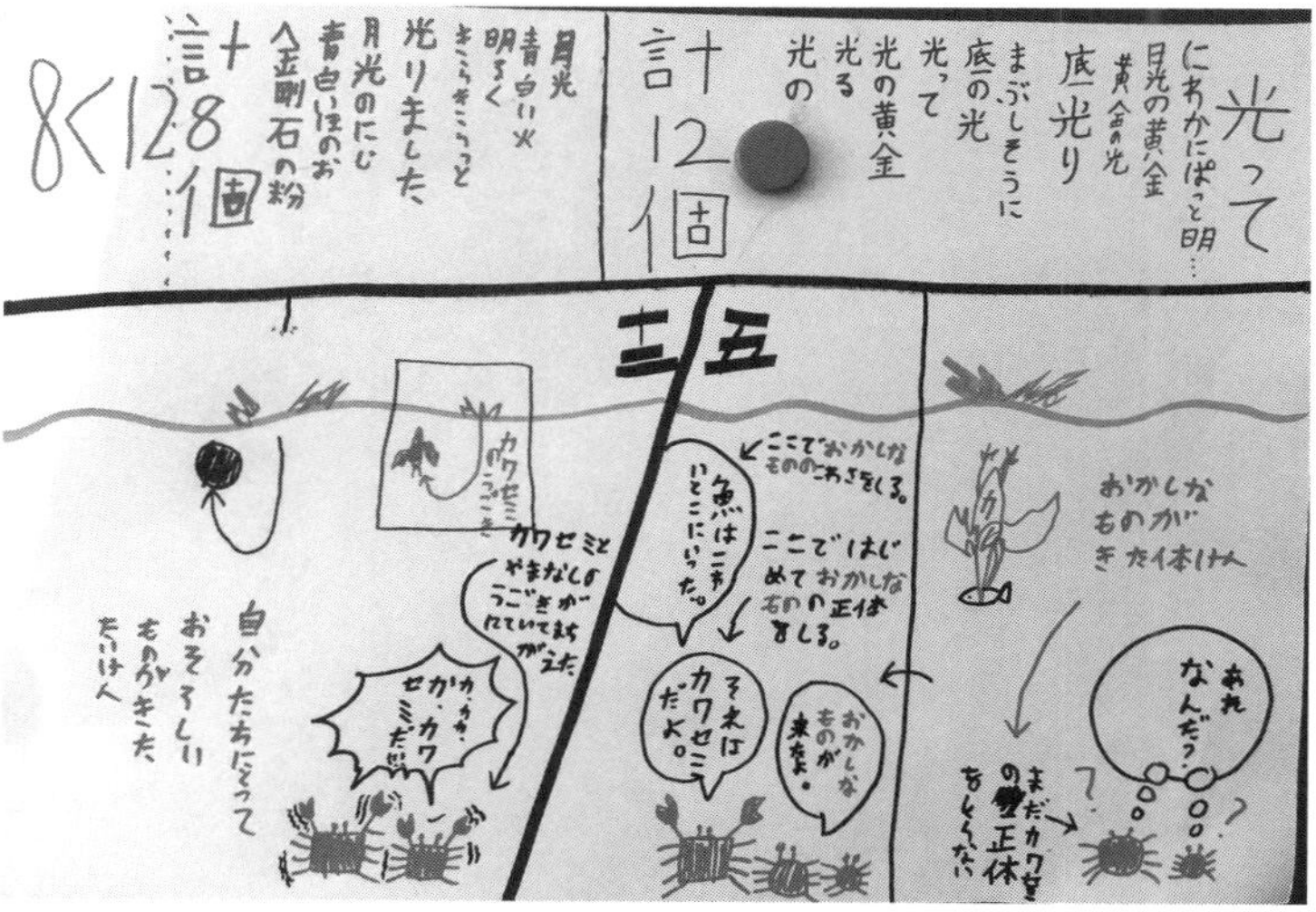

↑「やまなし」の話し合いの授業で、イラストが得意なU君はマンガ仕立てで自分の意見を発表した。

他者とともに考え続ける「人」を育てる言葉かけ

1）絶対解と納得解の違いを意識させる言葉かけ

・これは（このテーマは）、絶対解です。
・これは（このテーマは）、納得解です。
・これは、絶対解に限りなく近い納得解です。
・絶対解です。寄り添い合って学び合いましょう。
・納得解です。「らしさ」を発揮し合って白熱しましょう。
・絶対解にも、その伝え合いに「らしさ」が出ます。
・絶対解を求めたあとに、自分の学び方や考え方を振り返りましょう。
・相手の考え方や学び方も理解し合うのが、納得解の話し合いです。
・相手と自分の考え方や学び方の違いを意識することが、納得解の話し合いでは重要です。
・絶対解でも納得解でも、対話・話し合いの楽しさを大事にします。

2）自分らしい考え方や表現の仕方を促す言葉かけ

・伝え方に自分らしさが出てきます。
・学んだ伝え方の方法が先ではなく、自分らしさを優先していいですよ。
・ノートを自分らしさの発信基地にしなさい。
・教室にあるものは自由に使ってかまいません。
・伝えるために必要なものがあれば、先生に相談に来ます。
・人と考え方や伝え方が違うから、自分の学びも深くなるのです。
・あなたらしいユニークさをみんなに伝えてくださいね。
・その君らしさが、白熱する教室を生み出してくれますね。
・お互いの「言葉＋α」のαに、みんなで学ぶ教室の面白さが爆発するのですね。
・自分らしさ、○○さんらしさを学習のあとに振り返り、その成長を喜び合いましょう。

3）自分の考え方や学び方の自覚を促す言葉かけ

・うん、それでいい。君らしい。
・人と違う。当たり前のことですね。
・イラスト派の人？　文章派の人？　具体物派の人？……。
・黒板も開放します。移動してもかまいません。学びの場を考えて方法を決めましょう。
・「いい意味のとんちんかん」な意見も大歓迎です。
・白熱すると、「いい意味のとんちんかん」な意見も飛び出します。
・ディベート的な話し合いのなかで、自分らしい考え方に出合います。
・この話し合いだけのことではありません。自分の考え方、学び方を見つけるのです。
・学習してきた学び方が頂点ではありません。それらをもとに自分でつくるのです。
・考え方や学び方は人によって違います。それらを見つけ続けるのです。

4）個々の考え方や学び方をお互いに意識させる言葉かけ

・○人（学級の人数）の分だけ考え方や学び方があるのです。
・違いは意見の内容だけではありません。考え方や学び方もです。
・「人と意見を区別する」ということは、一人ひとりの考え方や学び方を大事にし合うことです。
・○○さんらしい考え方や学び方に気付きましたか？
・○○さんらしい考え方や学び方と、自分の違いを書きなさい。
・○○さんらしい考え方や学び方を尊重しながら、自分の意見を考えましょう。
・考え方が違うけれど、お互いが目指していることは何ですか？
・○○さんの考え方や学び方があったから、みんなの学びが深まりましたね。
・友達の考え方や学び方を尊重したから、「Win-Win-Win の関係」になれたのですね。
・「話し合い力は学級力」というテーマで振り返りを書きましょう。

おわりに

「授業のとき、どうして〝あの子〟を大きく取り上げたのですか？」

飛び込みで授業を行うと、どの学校でも先生方から必ず聞かれます。〝あの子〟とは、普段の授業では何も書かない、手を挙げない、机に突っ伏している、あるいはそわそわ落ち着かないといった〝気になる〟存在の子どもです。普段の授業ではマイナスイメージのレッテルを貼られているのかもしれませんが、私の授業では他の子どもと同じ、みんなで学び合う一人です。一度きりの授業だからこそ、そういうレッテルをはがし、私の授業ではいいところを見つけてほめ、その子の価値づけをしたいと思うのです。ちらっと私を見たり、ハイテンションで拍手をしたり、一見マイナスに見える行為だとしても、授業に参加しようという意欲を大きく取り上げ、「先生のほうをちゃんと見て聞いているね！」「君のリアクションはいいなあ。拍手リーダーだね」と言葉かけをします。「自分を認めてもらえた」と感じると、その後、友達が発表するごとに大きな拍手をしてくれます。そこですかさず「さすが拍手リーダーだ！」とほめると、他の子たちも笑顔になり、みんなからも大きな拍手が起こります。すると教室が温かい空気に包まれ、「自分の意見を言ってみようかな」「友達と意見交換するのは楽しいな」「もっと話し合ってみたい」と意欲的になっていくのです。

教師の声かけは、全員参加の授業を保障する、教師の決意の表れです。「一人も見捨てない」という覚悟です。


「一人も見捨てない」という言葉は、以前受け持っていた六年生のMさん（166ページに登場）が考えた価値語です。Mさんは乱暴な言葉遣いで、手を出すのも早く、しょっちゅう周りの子と諍《いさか》いを起こしていました。いつも先生から叱られ、四年生のときには友達からも距離をおかれてしまいました。

五年生で私が担任になったばかりの4月、Mさんはいすの上に正座をし、肘をついて座っていました。自然と体が前のめりになっているMさんに、私は「先生の話を一生懸命聞こうとしています。積極的にコミュニケーションをしようという気持ちの表れですね！」とほめました。叱られると思っていたMさんはびっくりし、少し照れくさそうに姿勢を正しました。

その後、学級全員で成長し合うことの楽しさを実感していったMさんは、少しずつ友達の意見にも耳を傾けるようになり、根拠のある意見を述べるようになっていきました。周りの子どもたちもMさんを認め、リーダー的な存在になっていきました。そんな彼女がある日、画用紙に大きく「一人も見捨てない」と書き、「四年生のとき、先生やみんなに見捨てられてとてもつらかった。

でも、みんなとの関わりのなかで、自分の悪いところやいいところに気付くことができた。だから、私はこれから、『一人も見捨てない』を目標にしていきたい」と話してくれました。

２０２０年春、新型コロナウイルスの感染拡大に伴い、全国のほとんどの学校が休校となる未曽有の事態となりました。ようやく学校が再開されても、教師と子ども、子ども同士がこれまでのように密接に関わることができず、学級の人間関係づくりが十分できないまま、１年を終えようとしている学級もあるのではないでしょうか。

遅れた学習を取り戻すことに精一杯で、多くの学校ではひたすら教科書を進める授業が繰り返されています。今年度の学習指導要領から、「主体的・対話的で深い学びの実現に向けた授業改善」が重視されるようになりましたが、現実はそういう学びとはかけ離れた1年間を終えようとしています。

私自身、学校訪問を再開したのはほぼ二学期に入ってからでした。教室の人間関係を結ぶ時間が十分に取れないまま二学期を迎えたためか、硬い雰囲気が漂う教室もありました。そんな子どもたちに対し、私はいつもは一学期に行うことが多いコミュニケーションゲームから授業に入るようにしていきました。最初は硬い表情だった子どもたちも、話し合いの活動では友達と意見交換を楽しみ、教室がどんどん温まっていきます。授業後、「友達の意見を聞いて、自分と違う考え方に驚いた」「他の人の意見が聞けて楽しかった」と関わり合う楽しさを話してくれる姿を見て、子どもたち自身が友達とつながり合い、学び合うことを強く欲していることにあらためて気付かされました。そして、こんな状況だからこそ、子どもたちがつながり合う空気をつくり出す教師の言葉かけの重要性を再認識しました。

日々の授業のなかで、教師はどうしても子どものマイナス面に目が行きがちです。マイナスを正そうとすると、教師の言葉かけも自然とマイナス指向になっていきます。すると、子どもたちもマイナスを気にかけるようになり、結果として教室にマイナスの空気が充満するのです。教師は常にプラス面に目を向けること。言葉かけの基本は、美点凝視です。

本書は、小学館「教育技術」誌の連載をもとに加筆、修正してまとめました。

連載時から、記事をまとめて構成していただいた関原美和子氏には、本当にお世話になりました。また、連載、本書をご担当いただいた編集部の白石正明氏にもお礼を申し上げます。

まずは教師自身がプラスの視点を持ってください。プラスの言葉かけで教室は変わります。

二〇二一年三月

菊池　省三

一人も見捨てない！
菊池学級 12か月の言葉かけ
コミュニケーション力を育てる指導ステップ

2021年 3月16日　初版第1刷発行
2023年 2月 7日　　　第3刷発行

著者／菊池省三　構成／関原美和子
発行者／杉本　隆
発行所／株式会社　小学館
〒101-8001　東京都千代田区一ツ橋2-3-1
編　集／03-3230-5683
販　売／03-5281-3555
印　刷／三晃印刷株式会社
製　本／株式会社若林製本工場

ISBN 978-4-09-840207-6

本文イラスト／高橋正輝
編集／白石正明　宣伝／阿部慶輔　販売／窪　康男
資材／木戸　礼　制作／酒井かをり
DTP／木村旨邦